Hamada Ryutaro
浜田龍太郎〔監修〕

SOGO HOREI PUBLISHING CO., LTD

はじめに

「政治について」難しいなと思ったみなさん、難しくてもなんでも、私たちの生活に直結していることが政治でいろいろと決められているのです。そんな政治に私たちが参加できる機会が選挙です。そしてその選挙は、議会制民主主義を支える土台です。でも、選挙を実施したからといって〝民主主義〟が実現されているとは限りません。民主的な選挙を行うためには4つの原則があります。

①普通選挙…一定の年齢に達したすべての国民に選挙権が与えられています。日本で選挙権を与えられているのは、18歳以上のすべての男女です。

②平等選挙…身分・性別・信条によらず、一人一票が与えられる。有権者の投票の価値をすべて平等に扱います。

③直接選挙…選挙人が直接、被選挙人を選挙します。アメリカの大統領選挙は間接選挙ですが、これは形式的なものです。

④秘密選挙…有権者が誰に投票したかがわからない投票方式を採用した選挙。

民主主義の日本に住んでいたら、普通選挙なんて当たり前ですよね。でも、原則が崩れたら民主主義は簡単にガラガラと壊れてしまいます。

意外に思うかもしれませんが、北朝鮮にも選挙があります。17歳以上のすべての国民に選挙権が与えられています。投票所へ行くと投票用紙を渡されますが、用紙には一名の名前がすでに書かれ、用紙を受け取ったら、それを投票箱に入れるだけ。その投票用紙は透明で、投票用紙を入れない選択肢もあるのですが、そうすれば政府にチェックされます。

4つの原則のうち、普通選挙と平等選挙はクリアしているといえるでしょうが、候補者が一人なのを直接選挙と呼べるのか……。そんな国があり、そこで行われている政治があり、そのもとで暮らしている人がいます。それを考えると、この日本はどうでしょうか。

浜田龍太郎

目次

第3章 立法府について

第4章 内閣と行政

第5章 選挙について

第6章 国会議員と政党

装丁・本文デザイン・イラスト：木村勉
図版&ＤＴＰ：横内俊彦

登場人物紹介

木田憲治（きだけんじ）

元社会科塾講師。1980 年生まれ。埼玉県草加市出身。東大卒。現在は家庭教師の派遣会社を経営。

塾講師時代は、暗記に終始しがちな「社会科」を子どもから大人まで誰にでも理解できるように指導するカリスマ講師として支持を得た。当時、生徒からのアンケート支持率 95％以上という驚異的な数字を誇る。

東大卒業後、一部上場企業を経た後、大手塾にて集団授業の講師や個別指導講師として、大学・高校・中学受験の指導経験を積み、塾オリジナル教材の制作にも携わる。偏差値上位の受験難関校を目指すクラスの生徒から不登校の生徒、そしてその保護者にまで社会科や勉強を教えるテクニックがあり、好評を得ていた。

現在は独立し、そのメソッドを後進に伝えている。

夏山茂樹（なつやましげき）

1994 年生まれ。編集者。大阪府大阪市出身。
大学卒業後、出版社に就職。ガイドブックやスポーツ雑誌の編集を経て、書籍編集を生業にして２年目。フットワークが軽く、好奇心旺盛なのはよいが、ときどき、突拍子もない企画を会議にぶちあげて、周りから顰蹙を買っている。自分の担当した本はすべてベストセラーにしたいと思っている。

第1章

政治ってなんですか？

政治ってなんですか

木田先生、政治ってなんか難しいじゃないですか。それをいろいろと教えてもらいたいんです。

政治って、テレビ画面の向こう側の話って感じがするんですよね。なんか実感がわかないというか。選挙が大切ってことはわかるんですけど、結局、何百万票のうちの1票じゃないですか。自分の1票が役立っている実感ってあまりないし……。

私も「政治」をできるだけわかりやすく説明したいと思います。やっぱり身近に感じられないと、実感がわきませんよね。

「政治って何?」って聞かれたら、私はこう答えます。

「話し合いを通じて、人々の意見を調整し、社会の問題を解決すること」

もう難しい……。それに、「話し合い」とか、「意見の調整」とかって、政治とどう関係あるんですか。

話し合いで意見を調整する

実は、この「話し合い」や「意見の調整」って、重要なんですよ。ちょっと、そのあたりを最初に説明しておきましょう。
夏山くん、この日本列島にはどれぐらいの人が住んでいるかわかりますか。

それは学校で習いました。今は確か1・26億人くらいです。

正解。その一人一人が、何らかの集団に所属しているはずです。一番身近なのが家族でしょう。学校、会社というのもありますよね。夏山くんは、これ以外の集団に所属していますか。

はい。プライベートで小さな劇団に所属しています。年に何回か自主公演をやるんですけど、コロナ禍で予定がすべてキャンセルになってしまいました。裏方も併せて30人ぐらいがメンバーなんですが、活動を続けるかどうか悩んでいます。いろいろ話し合ったりしているんですけどね。

ポイントはそこです。グループの存続を話し合いしても、なかなか決まらないことがある。日本という集団に所属している1・26億人が何かを決めようとしても、問題やもめごとのない方が不自然でしょう。
問題を解決する方法はいくつもあります。腕力で勝負をつけるなんてこともあるかもしれません。それって民主主義じゃないですよね。独裁国家でもないから、為政者（いせいしゃ）の「鶴の一声」で国の方針が決まるわけでもない。日本のような民主主義の国は、次々と持ち上がる問題を話し合いで解決しようとします。

劇団の存続も話し合いで解決しようと思いましたが、俳優たちと裏方で意見が全然まとまらないんですよ。それで、まとめ役だった座長が泣き出しちゃったんです。

そう。関係者全員が集まって直接話し合いするのが〝直接民主制〟です。確かに、全員の話を聞いて解決するのって大変ですよね。だから、日本の政治は、問題を話し合って、解決するのに、〝間接民主制〟を採用しています。

代表を〝選挙〟で選ぶんですよね。

日本は代表を選挙で選ぶ〝間接民主制〟

その通り。じゃあここでは国会議員を例にしましょう。夏山くん、国会議員の仕事ってなんだかわかりますか。あとで詳しく説明しますから、ここでは先にヒントを言っておきます。国会議員の仕事って2つあります。

国会って政治をするところじゃないんですか？

そう思いますよね。ニュースで映るのは、野党の国会議員が怒鳴ったり、首相の答弁が原稿の棒読みしているところばかり……。

でも、国会議員によって構成される国会の仕事って、政治じゃないんです。

遠い昔習ったのは、三権分立で、国会は〝立法府〟って呼ばれていますよね。だから、法律を作るってことですか。

正解。そしてもうひとつ。これが一番重要でしょうね。

内閣が作成するその年の予算案を審議して、決定すること

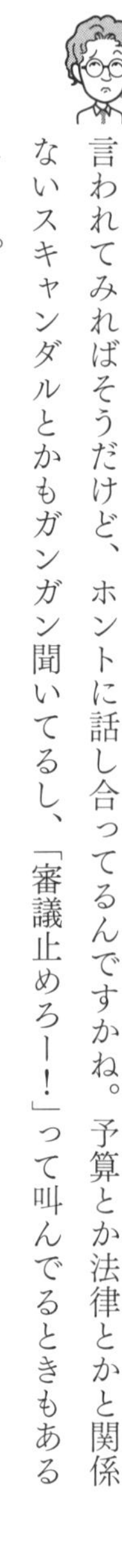

言われてみればそうだけど、ホントに話し合ってるんですかね。予算とか法律とかと関係ないスキャンダルとかもガンガン聞いてるし、「審議止めろー！」って叫んでるときもあるし……。

予算や法律を審議する場では、何を聞いてもいいことになっているから（詳しくは第3章）、いろいろなことが話題になります。一応、委員会での審議時間はカウントされるん

です。スキャンダルが出たら、そればかり聞かれるけど、それでも〝審議〟はされたことになっちゃう。

審議時間に関しては、こんなデータがあります。２０１８年度の通常国会で衆議院各委員会の審議時間を調べてみました。予算に関しては80時間を超えたけれど、ほかの法案に関しては、1法案あたり5時間30分しか時間をかけていないんです。

政治の意味を「話し合いを通じて、人々の意見を調整し、社会の問題を解決すること」と話したけど、本当にそうかなって思いますよね。

政治の世界では、その話し合いで決めた内容は、法律を整備し、予算を確保して実現させていくんです。

例えば、消費税という税金を新しくつくる場合、消費税法という法律をつくります。その施行に必要な予算を確保するのです。

直接民主制と間接民主制

民主制には直接民主制と間接民主制があり、日本の国政は間接民主制を採用していると話したけど、実は完全に間接民主制というわけでもないんです。

えっ。どういうことですか。

日本国憲法には、直接民主制の仕組みを3つ取り入れているんだよ。

①最高裁判所裁判官の国民審査（79条）
②地方自治特別法の制定（95条）
③憲法改正（96条）

①の最高裁判所裁判官の国民審査は衆議院総選挙と同じ日に行われます。②は説明が煩雑になるので省略します。③は最近話題になっているので、夏山くんもちょっとは知ってるんじゃないですか。

ニュースで話題になっていたんですけど、よくわからないんですよね。憲法を変えるってことじゃないみたいだし。

日本国憲法の改正手続き

※戦後、日本国憲法は一度も改正されたことがない

発議

両議員の総議員の３分の２以上の賛成

↓

国民投票

過半数の賛成

↓

公布

国民の名でただちに交付

２０２１年度の通常国会で「改正国民投票法」が成立しました。憲法改正は、直接民主制の仕組みが取り入れられているけれど、その直接民主制の「国民投票」をやりやすくしましょうというものなんです。

憲法を改正することは、日本国憲法96条で規定されています。

96条　１　この憲法の改正は、各議院の総議員の三分の二以上の賛成で、国会が、これを発議し、国民に提案してその承認を経なければならない。この承認には、特別の国民投票又は国会の定める選挙の際行われる投票において、その過半数の賛成を必要とする。

政治家ってそもそも何？

さて、政治について理解を深めるにあたって、そもそも政治家とは何か考えてみましょう。夏山くん、日本には政治家が何人くらいいると思いますか？

政治家の数ですか？　考えてみたこともないからわからないですけど、500人〜600人くらいですか？

実は政治家と呼ばれる人は約3万6000人もいるんですよ。

えー、そんなにいるんですか？　そんな大人数が国会に集まって議論できるんですか？

夏山くんはおそらく政治家＝国会議員という前提で話してると思うんですが、国会議員だけが政治家ではないんです。公職選挙法や政治資金規正法といった法律に政治家の定義が

書かれています。

公職選挙法

（公職の定義）

第三条　この法律において「公職」とは、衆議院議員、参議院議員並びに地方公共団体の議会の議員及び長の職をいう。

ほう……難しい言葉が並んでいますね。

要するに政治家とは、衆議院議員・参議院議員・都道府県知事・都道府県議会議員・市町村長・市町村議会議員のことを指すわけです。

なるほど、市長や県知事、市議会議員なんかも政治家に含まれるのですね。

そうです。3万6000人という数字は全人口に占める割合としては約0・3%、すなわ

政治家とは

※国民によって選挙で選ばれた人のこと！

国会議員（衆議院と参議院）→ 707

都道府県知事 → 47

市区町村の長 → 1,750

都道府県会の地方議員 → 2,700

市区町村会の地方議員 → 31,000

ち1000人中3人は政治家として活動していることになります。ちなみに、公職の兼職はできませんので、3万6000人という数字に重複はありません。例えば、小池百合子現都知事のように衆議院議員の人が東京都知事に立候補する場合、衆議院議員をいったん辞めて立候補する必要があります。

ただ、政治家といったら、やはり国会議員のイメージがあります。

確かにそうです。先にあげた6種類の政治家のうち、影響力があるのは衆議院と参議院の国会議員です。夏山くんは、市長や県知事といったお住まいの自治体のトップの名前をあ

げることはできますか？

都知事の名前は言えますが……東京都民なんで……うちの区長の名前は言えないですね。

パッと聞かれるとなかなかあげることはできませんよね。では、国会議員ではどうでしょう。具体的に名前をあげることはできますか？

菅……安倍元総理……麻生さん……といったところでしょうか……。

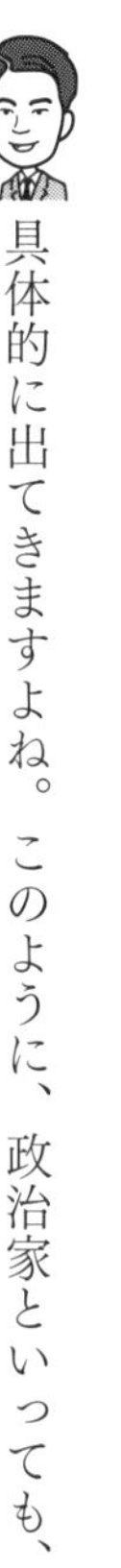

具体的に出てきますよね。このように、政治家といっても、国会議員・都知事から市議会議員まで、影響力・知名度といった点でさまざまな方がいます。では、彼らの共通点は何だと思いますか。

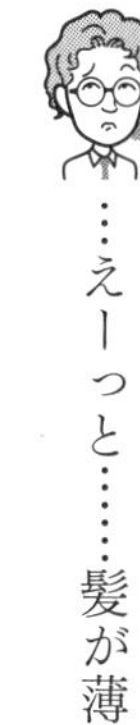

……えーっと……髪が薄い…。

まあ、確かにバーコードみたいな髪型の人が多いイメージですけど（笑）。若くてフサフサの方もいますし、女性議員もいますし……。

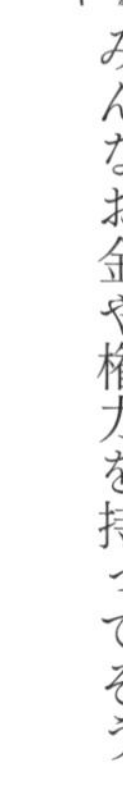

みんなお金や権力を持ってそう。

そう！　お金はともかく、**どの役職であれ、ある一定の権限を持っている**ことは確かです。なぜ、彼らは権力があるのでしょう。難しいペーパー試験か何かを通ったからですか？

ペーパー試験ではない気がしますね。

ペーパー試験ではないですね。まあ、政治家として活動するにあたって最低限の学力は必要なので、ペーパー試験があったほうがいいとは思いますが……。基本的な漢字が読めない国会議員も散見されるので……。ペーパー試験ではないとしたら、彼らはどんな洗礼を受けていると思いますか。

あ、わかった！　皆、選挙で当選しているんだ！

そう、正解。衆議院だろうが都知事だろうが、地方の小さな町の町会議員だろうが共通しているのは、**選挙によって国民から選ばれた存在である**という点です。国であれ、地方であれ、知名度があろうがなかろうが、選挙で当選したという一点をもってして、皆、政治家だと言えるわけです。

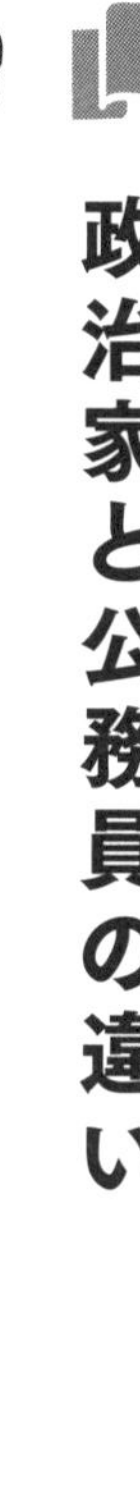

政治家と公務員の違い

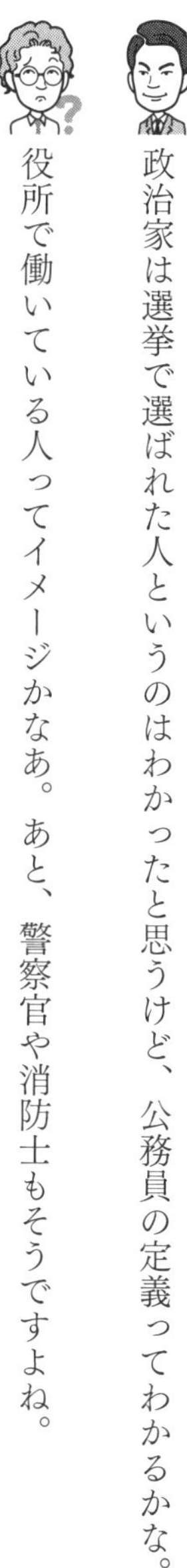

政治家は選挙で選ばれた人というのはわかったと思うけど、公務員の定義ってわかるかな。

役所で働いている人ってイメージかなあ。あと、警察官や消防士もそうですよね。

そうそう。言葉に表すと、公務員というのは、「国や地方に仕えて、公の仕事をする人」となるかな。政治家が選挙で選ばれるのに対して、公務員になるには試験で合格する必要

があります。

大学の同期にも何人か公務員試験を受けた人がいます。ずっと参考書開けていましたね。

公務員は2種類あって、国家機関や行政執行法人に勤務する公務員を国家公務員、地方公共団体に勤務している人が地方公務員なんだ。よほどのことがない限り定年まで勤めあげることができます。

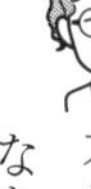

不祥事が起これば新聞沙汰になるぐらいですからね。安定した職業というイメージは強いなあ。

その公務員の中でも別格のエリートを官僚と言います。

ニュースで政治家の代わりに国会で答弁したり、いびられたりしてかわいそうな印象が先にくるけど、そんなに偉い人だったんですか。

そうなんだ。官僚というのは、国家公務員のごく一部で、全体の約4%しかいないんだ。彼らは難関の試験である国家公務員総合職試験に合格しています。

官僚をよく、キャリアとか言いますよね。

そうそう。キャリアというのは、つまり国家公務員総合職試験に合格している人をそう呼ぶんだ。合格していない人はノンキャリアだよ。官僚は他の公務員よりも出世がとても速いのが特徴なんだ。
わかりやすいから警察庁を例にしてみようか。警察庁の階級というのは大きく9つに分けられるんだ。下から、巡査、巡査部長、警部補、警部、警視、警視正、警視長、警視監、警視総監。警察庁に入った官療は大学卒業後、3年半～4年で警視になります。つまり上から4番目だよ。だから、キャリアは20代後半で多くの警察官を束ねる立場になるんだよ。

よく耳にする○○県警本部長ってほとんどがキャリアなんですね。

その通り。トップである警察庁長官は官僚しかなれない。ここからが大事なところで、このように**官僚はまごうことなきエリートであり、重要な存在**です。なぜ大事かと言えば、政治への影響力がとても大きいからなんだ。

そうなんですか。国会中継とかでコテンパンにやられる官僚を見てると、かわいそうに思う時もあるけど、憎たらしい人も多いですよ。

確かに変わった人もいるけど、彼らが日本の「政治」を前に進めていることは確かなんだよ。政治家の仕事は「××を実現するんだ！」と政策を決めること。それを実現するための筋道をつけるのが公務員、特に官僚なんだ。

なんとなくですけど、政治家と官僚の関係がつかめました。
政治家＝選挙によって選ばれた人。政策や法律・予算を決める人。
公務員＝試験に合格した人。政策や法律・予算を実行する人。
という感じですか。

そうだね。厳密に言えば、政治家も特別職公務員なので、公務員の一員なんだ。でも、政治家は選挙で落ちればタダの人。公務員とは違うと考えよう。

プランを立てる人と実行する人、というイメージを今の説明で持ちました。

政治のプロセスは次のような手順で行われます。

① 政治家が特定の政策を選挙で主張する。
② その政策が支持され当選する。
③ 政治家が法律・予算を決める
④ 公務員が法律・予算に基づき実行する

政治家と公務員は車の両輪ですね。いくつものプランの積み重ねでこの国の政治は動いているんですね。

法治国家ってなんだ

政治家が政策を実行する場合、政治家が、まず法律を作ります。公務員はその法律をもとに実務を行っていくんだ。

法律を作るんですか！

そんなに驚かなくてもいいよ。例えば、消費税をひとつとっても、その実施には消費税法という法律が作られたし、税率をアップするためには法改正も行われた。政治家の仕事は自分のやりたい政治をすることなんだけれども、そのためには法律を作ることも仕事になるね。

そうか、今までやっていなかったことに「公的根拠」を与えるってわけですね。

このように、**法律に基づいて政治を運営していく国を法治国家**と言います。言い換えれば、何の法律的根拠もなく、政治家や公務員が仕事を行うことはできないということだね。

何か政策を実行したいなら、法律で定められた手順でやらないといけないってことか。法律ってめんどくさいな。

めんどくさいよね。でもそれは法律に基づいて運営される法治国家だからだね。めんどくさいけど、じゃあなんで法治国家である必要があるか考えてみようか。

それは……。法律がないと好き勝手をする人が出てくるからでしょ。

そうだよね。「法律に基づく」という制限をかけないと、権力を行使する側（政治家・公務員）が勝手な事をして、私たちの人権を脅かす可能性があるからです。

例えば、原則、警察官は裁判所が発行する逮捕令状がなければ被疑者を逮捕することができないよね。それを、警察官が「アイツは気に食わないから」って理由で逮捕する、なんてまともじゃないよね。

無実なのに逮捕されてしまうのはちょっと……。

だよね。いきなり逮捕ってのは極端だけれど、法治国家ということで大事なことがあるんだ。その法律が私たちの人権を侵害するなどの問題があってはいけないんだ。だから「法律は憲法の枠内でつくる」という制限が加えられているのは知っておいてほしいな。

憲法が、私たちの基本的人権を保障しているので、法律はそれを逸脱できないってことですね。

うん。そうなんだ。じゃあ、次は三権分立について考えてみようか。

三権分立が国の基盤となる

三権分立とは

※国家権力を立法、行政、司法に分割すること！

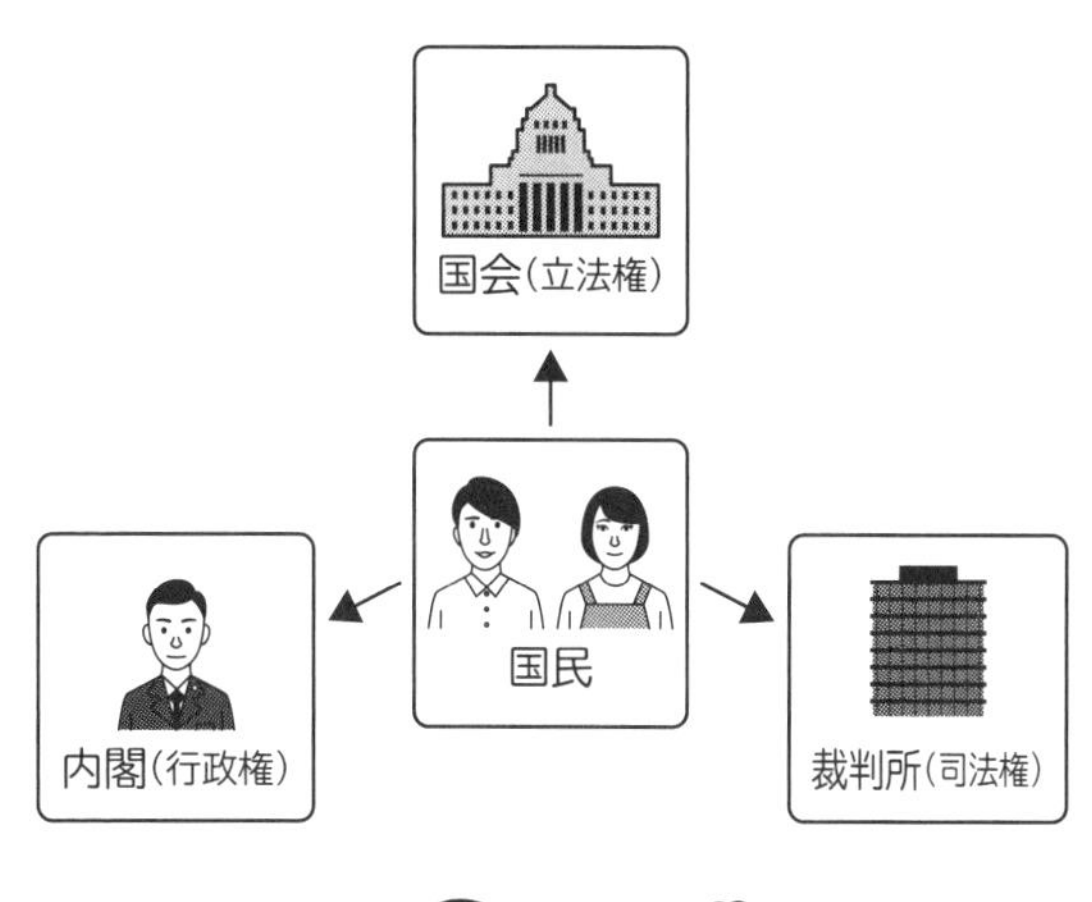

さっきの逮捕のところでも触れたけど、国家権力というのは国民に何かしらの行動を強制するものです。恣意的に運用されることを防ぐのが三権分立という制度です。

さすがに立法権、行政権、司法権が独立しているというのは習いました。

国家権力は、先ほども触れた通り、国民に絶対的な影響力を持ってるんだ。それは、みんなで話し合って、せっかくルール（法律）を決めても、中には守らない人が出てくることもある。そうしたルールを守らない人に対しては、国家権力という強制力を持って対応しなければ、秩序が保たれない。そのために国

家権力は必要なんだ。

そうかぁ。確かに人のモノを盗んだら、刑法というルールに違反したことになるから、窃盗罪で警察という国家権力によって逮捕されてしまう。

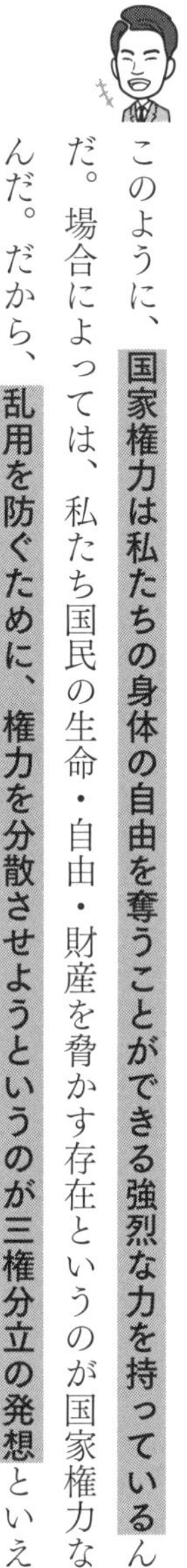

このように、**国家権力は私たちの身体の自由を奪うことができる強烈な力を持っている**んだ。場合によっては、私たち国民の生命・自由・財産を脅かす存在というのが国家権力なんだ。だから、**乱用を防ぐために、権力を分散させようというのが三権分立の発想**といえるね。

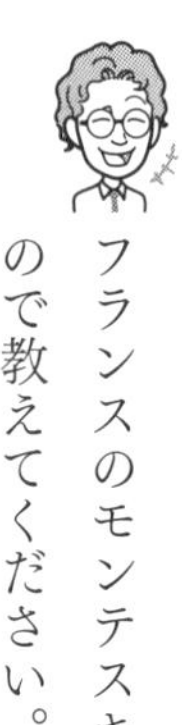

フランスのモンテスキューが唱えたというのは習ったけど、もうちょっと詳しく知りたいので教えてください。

立法権とは、法律を作る権限。行政権とは、法律に沿って国の仕事を進める権限だね。まだ触れていなかったけど、司法権とは法律に則って裁判を行う権限のことなんだ。日本で

は、立法権が国会（立法府）に、行政権が内閣（行政府）に、司法権が裁判所（司法府）に与えられています。ちなみに、政治家（国会議員）は国会（立法府）に、公務員は内閣（行政府）に所属しています。

じゃあもう少し国家権力と国民の関係について考えてみようか。

憲法が意味すること

必要だけど危ない存在たる国家権力を制限するためには、ルールが必要ということですよね。ルールっていうのは法律だから、法律の枠組みを決める何かが必要じゃないですか。

その通り。国民の人権を守るために必要なのが、国家権力、つまり**国を規制する最高位のルール、それが憲法**なんだよ。言い換えれば憲法は、国家が政治を行う上で絶対に守らなくてはならない最高位のルールということだね。

じゃあ国家権力を制限するためには、どんなことが憲法に書かれていなければならないんですか。

憲法とは

※国家権力を制限し、国民の人権を守る最上位のルール！

大きく言うと2つあるね。

① 統治の仕組み（国家の権限）
② 国が守るべき人権

右の2つがそうなるね。①は三権分立のそれぞれの内容が該当するよね。国家がまともに働くためには絶対に必要なことだからね。憲法には三権の内容について章を分けて書いてある。なので、裁判所が法律を作ったり国会が裁判を行ったりするなど勝手な事はできないんだ。②は、「信教の自由」などが当てはまるね。「キリスト教を禁止する」といった法律を作ることはできない。

こうやって考えてみると、憲法っていうのは政治家や公務員など、国家に仕えている人に守る義務が発生しているのがわかるよね。じゃあ国民が守らなければいけないルールが……。

法律ってことですね。

そう。もちろん政治家や公務員も国民なので、守らなければならないのは当然だよ。

◎法律と政令・省令

その法律、国民が守るべきルールはおよそ２０００もあるんだ。民法、刑法、商法とか、私たちの生活に密着しているものも、もちろんたくさんある。

前項では憲法について説明したけど、まず憲法と法律の関係を確認しておこうか。簡潔にまとめれば次のようになる。

憲法＝国家の最上位のルール。政治家・公務員に守る義務がある

法律＝憲法の枠内で作られる。国民に守る義務がある。

イメージとして、国家のルールの大枠である憲法がドンと鎮座し、その枠内で法律が作られている感じでしょうか。法律は憲法に従わないといけないという点では、憲法っていうのは法律の親玉みたいに思います。

そうだね。そういう考え方ができると思う。その法律が、国内にはおよそ２０００もある。そのすべてを熟知している人間はいると思うかい？

弁護士とか官僚とかだったら知ってるんじゃないですか。

いやいや、官僚や弁護士でも、すべての法律に精通していることはないよ。しかし、彼らはプロフェッショナルと呼ばれている。なぜだと思う。

うーん……。よくわかりません。

それは、彼らが法律の中でも核となる６つの法律のプロフェッショナルだからなんだ。

6つの法律ってなんなんですか。

憲法、民法、刑法、商法、民事訴訟法、刑事訴訟法のこと。これらを合わせて六法と呼ぶ。『六法全書』というのは、これらの条文が書かれているんだ。

法律に憲法が含まれているけど、それは憲法が法律の親玉だからということですね。

そうなんだ。次は、法律に似て非なるものについて考えてみようか。

ちょっと待ってくださいよ。法律って弁護士も把握できないほどたくさんあるんでしょ。それに加えて、まだなんかあるんですか。

その法律の子分的な存在が、政令・省令です。もちろん、これらも憲法の枠を飛び越えて制定はできない。政令は、政府が制定する命令という意味で、省令は各省が制定する命令となります。法律の枠内で作られるんだ。政令・省令は、法律と同等の効力があります。

その目的は、法律を実施するにあたっての細かい規定を定めることなんだ。

要するに、法律だけだとどう実務をこなしていけばいいかわからないので、さらに細かい法律みたいなものを作るってことですね。

例えば、道路交通法という法律があるよね。これは運転手・歩行者が守るべきルールを規定しているのは知ってると思う。この法律には何が書いてあると思うかな。

それは交通ルールですよね。信号の色、青は進め、赤は止まれとか。

ところが！　法律そのものには書いてないのです。道路交通法の条文には何て書いてあるのでしょう。「信号機の色については政令で定める」と書かれているだけなんだ。
それで、道路交通法施行令という政令を見ると、確かに「青色は……赤色は……黄色は……」と信号機の色とその意味についてしっかり書かれている。

法律ってそういうのでいいんですか。

そう思うよね。でも、細かく規定することで煩雑さが生まれるから、それを避けるために詳細は政令や省令で定めるというのは効果的なんだ。法律では詳細を定めず、政令・省令で定めるのは珍しいものでなく、普通なんだ。

消費税にしても、国会が消費税法（法律）、政府が消費税法施行令（政令）、財務省が消費税法施行規則（省令）を作っているんだ。

保守と革新の対立って古い？

ここで、政治の立場について考えておこうか。ある党、もしくは個人の政治的立場を表すのに「左派」「右派」とか「保守」「革新」とか、なんとなくわかるかもしれないけど、ひとまず整理しておきたいと思います。

昔だったら自民党は保守政党だけど、こんなに政党が増えたらよくわからないんですよね。

そもそも「右」とか「左」といった言葉の意味はなんなんですか。

保守と革新という言葉が生まれたきっかけは、なんとフランス革命までさかのぼります。
当時の議会では、右側に革命を穏便に進めようとする保守的勢力が座り、左側に革命に突っ走る革新的勢力が座ったからと言われています。

保守が右、革新が左なのはわかりましたけど、そもそも保守と革新の定義ってあるんですか。

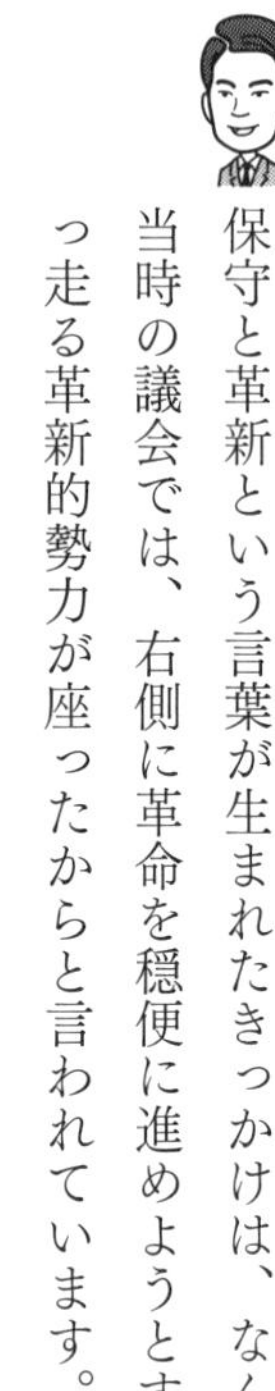

定義っていうのはないけど、ざっくりとした説明をしてみようか。
保守（右）は、個人よりも国家を優先する考えを持っていることが多いんだ。その結果、その国の歴史・伝統・民族などを重視する。例えば、日本の保守勢力（右）は、日の丸・国旗・天皇を大切にして、日本人であることに特別な価値があると考える傾向がある。貧富や家柄の差を超えて、日本人として団結することを重要視してるんだ。

じゃあ、革新はどうなんですか。

革新（左）は、国家よりも個人を優先する考えを持っている。だから、まず個人の自由や平等を重視します。

例えば、日本の革新（左）は、日の丸・国旗・天皇・日本人であることが第一ではないと考えます。日本人や日本国という概念を超えて、世界中の個人が平等になることを主張しているんだ。

でも、保守と革新って分け方だと2つだけだけど、それよりも多く政党があるから、もっと分ける要素があるってことですよね。

そうなんだ。人の主張には人それぞれだから、どっちが正しいってこともない。でも、**よりよい社会を目指すなら、選挙など自分の意見を反映させる機会を無駄にしない方がいい**だろうね。

第2章

憲法ってナンダ？

日本国憲法はこうやってできた

政治を考える上では、日本国憲法は絶対に避けられないテーマだよね。憲法改正への動きが盛んになってきているけれど、どうやって成立したか知っているかな？

そりゃ、歴史の教科書で習ったぐらいですけどね。ＧＨＱ（第二次世界大戦後「以下、戦後」に日本で占領政策を実施した連合国軍機関。連合国最高司令官総司令部）が作ったんですよね。

そう。だからいまだに「押し付け憲法」とか呼ぶ人もいる。じゃあ、日本国憲法が作られたのは、新聞のスクープだったことは知ってるかい？

そうなんですか？　初めて知りました。

最初に、そのあたりのことを説明しようか。

ＧＨＱは最初から憲法を押し付けたわけじゃないんだ。最初、ＧＨＱ、つまりマッカーサー（ダグラス・マッカーサー、連合国最高司令官）は「憲法の自由化をしなさい」と言って、日本の指導者たちに作らせようとしたんだ。そのとき、ＧＨＱは「憲法改正」とは言っていなかったんだ。ただし、真意は、日本に二度と戦争をさせないために、憲法を変える必要はあるって考えていた。

でも、日本側は、先にやることがあると言って復興に注力し、憲法についてはあまり考えていなかったんだ。もともとの大日本帝国憲法（明治憲法）をちょっと変えればいいだろうって思っていたようだね。

適当にごまかすって今もあんまり変わっていないよね。

（笑）そうだよね。それで、１９４６年2月、毎日新聞が「憲法改正試案」をスクープしたんだ。それが、明治憲法とほぼ同じだったから、怒ったのはＧＨＱだったんだよ。マッカーサーが直接指示して、1週間で出来上がったのが、日本国憲法の草案だったんだ。

1週間って、短かすぎませんか？

だよね。
大切なのは、このときマッカーサーは次のことを組み込むように命令しているんだ。

●民主主義
●戦争放棄
●封建制廃止

これは「マッカーサー三原則」と呼ばれているんだ。

天皇制を存続させることにしたけれど、マッカーサーはこれまでの日本にはびこっていた「封建制」を廃止させたかったんだね。

ＧＨＱが１週間で作った憲法だから、「押し付け憲法」って呼ばれているんですよね。

そう。しかも、この草案は英語だったんだ。日本政府がやったことは、まずこの草案を日本語に翻訳するところからでした。

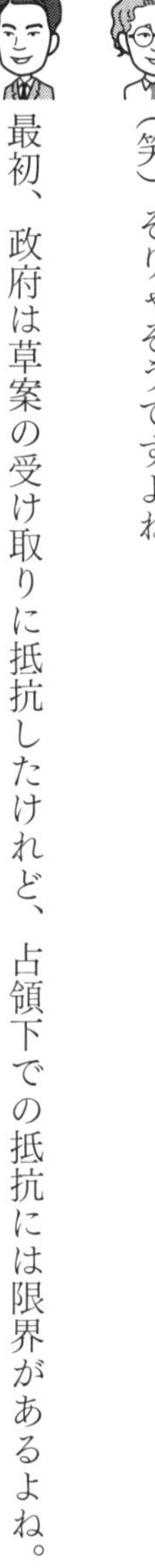

（笑）そりゃそうですよね。

最初、政府は草案の受け取りに抵抗したけれど、占領下での抵抗には限界があるよね。草案をもとにして政府案を作り、帝国議会で若干の修正をして日本国憲法は誕生したんだよ。

そんないきさつだから「押し付け憲法」って呼ばれているんですね。

確かにそういう一面はあるんだけれど、マッカーサー草案の土台を作ったのは日本の専門家が作った改革案を参考にしているし、それを国会議員によって承認したんだから、押し付けじゃないっていう意見もあるね。

１９４７年５月３日に公布されてから74年ですよね。改正しようという意見もありますけど、どうなんでしょう。

それは別のところで触れることにしましょう。

日本国憲法の構成

じゃあ日本国憲法の構成について見てみようか。

前文
＋
全11章（１０３条）

こうなっています。前文というのは、憲法の意義や目的が書かれていて、国民主権、間接民主制、基本的人権の尊重、平和主義、国際協調といった憲法のエッセンスが凝縮されて

日本国憲法の構成

※前文と全11章103条で構成されている！

前　文

第１章　天皇（1条－8条）
第２章　戦争の放棄（9条）
第３章　国民の権利及び義務（10条－40条）
第４章　国会（41条－64条）
第５章　内閣（65条－75条）
第６章　司法（76条－82条）
第７章　財政（83条－91条）
第８章　地方自治（92条－95条）
第９章　改正（96条）
第10章　最高法規（97条－99条）
第11章　補則（100条－103条）

います。

憲法の最大の目的は、人権の保障です。どれぐらい大事かというと、その量からわかります。

量ってどういう意味ですか？

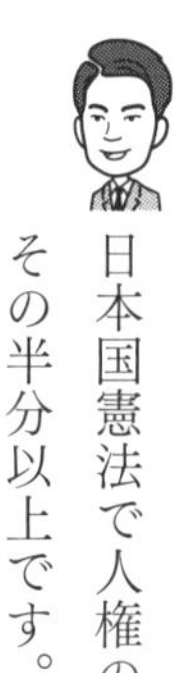

日本国憲法で人権の保障に割いているのは、その半分以上です。第3章から第6章、10条から82条まで。「第3章国民の権利及び義務」で人権の保障が、「第4章国会」「第5章内閣」「第6章司法」では、その統治の仕組みが書かれているんだ。

それって憲法の半分以上じゃないですか。

日本国憲法の三大原則

※国民主権、基本的人権の尊重、平和主義の３つ

国民主権

➡国の政治を決めるのは国民

基本的人権の尊重

➡侵すことのできない永久の権利

平和主義

➡戦争放棄、戦力の不保持、交戦権の否認

そう。つまり、それだけ日本国憲法は、人権の保障を目的のひとつとしていることがわかるよね。

つまり、新しい国のかたちだったということですね。

そう思うよ。じゃあ、日本国憲法について詳しく紹介しましょう。日本国憲法の三大原則は「国民主権」「平和主義」「基本的人権の尊重」です。この三大原則って、さっき触れたのに似てませんか？

あっ、マッカーサー三原則と似てますね。封建制の廃止がないけど。

そうだね。封建制の廃止っていうのは農地改革や財閥解体で実現していきます。そうして国民主権を実現したんだ。この国民主権は、政治の最終決定権は国民にあるという考え方です。戦前の大日本帝国憲法では、天皇に主権がありました。
基本的人権の尊重とは、人は生まれながらにして持っている権利を尊重するということ。自由権、平等権、参政権、社会権、請求権の5つがあります。
平和主義は、戦争を放棄し、戦力を持たないということ。日本国憲法では、前文と9条で触れられています。

「国民主権」「基本的人権の尊重」「平和主義」が3つの柱ってことですね。

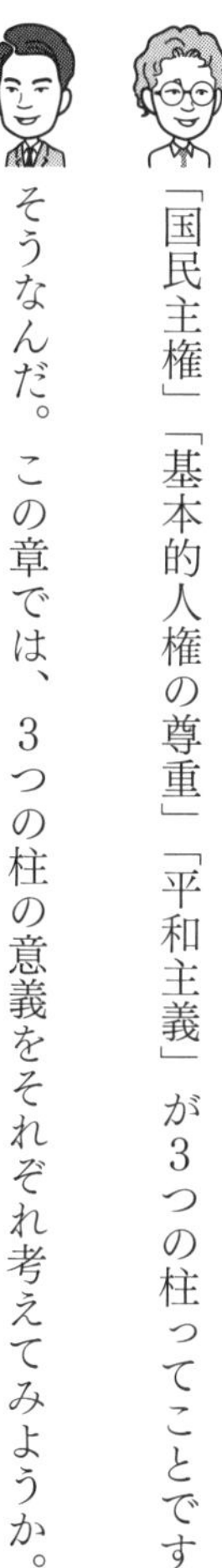

そうなんだ。この章では、3つの柱の意義をそれぞれ考えてみようか。

◎ 国民主権と選挙の関係

「国民主権」というのは、そのままの通り、「国民に主権がある」という意味です。でもこのままじゃ、この言葉が、私たちの生活にどう関わるのかわからないよね。

はい。そのままじゃないですか。国民って、私たちのことですよね。主権って意味がわからないんです。税金も高いし、生活が苦しい人も多いのに、私たちに主権って本当にあるんですか。

国民主権の主権とは、「政治の最終決定権は国民にある」という意味になるんだよ。つまり、「実際に政治を動かすのが国民」であるということ。じゃあ、どうやって政治を動かすんだと思う？　具体的に考えてみようか。

僕たちは、選挙には行きますけど、僕が考えていることがそのまま、政治に反映されていませんよね。だから、どうしても政治って遠くにあるように感じてしまいます。

そうなんだよ。仮に「増税反対」「憲法改正賛成」といった考えを持っていても、私たち自身が政策を掲げて直接政治に参加することはできないんだ。
その代わり、**「自分の考え方と近い議員を選ぶことで、政治に参加する」**ことになる。これを間接民主制と呼びます。

直接じゃないんですね。

そりゃ直接民主制のほうが、よりリアルな国民の意見を採用できるだろうけれど、意見を聞くのに時間がかかるよね。

現在、日本の有権者は1億３００万人ほど。1人1秒で意見を聞いても、全員に聞くのに3年以上かかってしまう。これは現実的じゃないよね。

……今の政治の現状を考えると、聞いてもらいたい気持ちがあるんですけど、手間も費用もかかりそうですし、実現は無理だと思います。

その代わり、国民は自分の考え方と近い議員を選挙で選ぶことで、政治に参加します。これが間接民主制と呼ばれるものです。実際、日本国憲法の前文の最初に「日本国民は、正当に選挙された国会における代表者を通じて行動し」と記されています。

じゃあ、日本国憲法から、日本では間接民主制に変わったということですか。

ちょっと選挙権の拡大について考えてみようか。
初めての総選挙が行われたのが１８９０（明治23）年のこと。前年の１８８９年に選挙法が公布され、直接国税15円以上を納める25歳以上の男子に選挙権が与えられたんだ。
これって、国民の何パーセントだと思う？

25歳以上の男子っていうと、働き盛りってことでしょう。だから、30パーセントぐらいだと思うけど、直接国税15円っていうのが見当がつきません。

だろうね。細かく話すと難しくなるからざっくり言うと、１８９０年ぐらいの１円って今の２万円ぐらいって感じかな。このときの選挙権は、国民全体の１・１パーセントにしか与えられなかったんだ。
その後、直接国税の額は減っていったんだけど、大きな変化は１９２５（大正14）年の普通選挙法施行なんだ。これで、25歳以上の男子すべてに選挙権が与えられたんだよ（退役軍人、植民地人民等には与えられていない）。最初は国民の１・１パーセントにしか与えられなかった選挙権が、このときに20パーセントにまで上がったんだ。約20倍ってことだね。

でも、女性にはまだ選挙権は与えられなかったんですよね。

女性に選挙権が与えられたのは、１９４６年4月に行われた衆議院選挙から。このときに20歳以上の男女が選挙で投票できるようになったんだ。その後、２０１５年に選挙権の年齢が20歳から18歳に引き下げられた公職選挙法の改正法案が可決されたのは、夏山くんも知ってるよね。

はい。実際には２０１６年の参議院選挙から18歳に引き下げられたけど、あまりその年代の投票率が上がっていないんですよね。でも、僕たちが「普通」って思っている選挙権も、けっこう獲得するのに苦労したんだと思うと、ちゃんと選挙に行こうって思います。

それはいい心掛けだね。じゃあ国民主権に戻ろうか。このように**私たち国民は、選挙を通じて主権を行使する**わけです。すなわち、国民の代表者としてふさわしい人を選ぶことができますし、逆にふさわしくない人を落とすこともできるんだ。

選挙で自分の考えを行使してくれる人を選ぶってことですね。でも、選んだけど、本当に行使してくれるかはわかりませんよね。

そうだよね。例をあげて考えてみようか。

例えば、夏山くんが消費税増税に反対だったとしよう。直接、夏山くん自身が消費税の税率を変えることはできないので、ある選挙の際に「消費税減税」を公約に掲げる○○党に魅力を感じ、一票投じます。

その結果、めでたく○○党は政権をとったのですが、ふたを開けてみたら公約を守ってくれませんでした。

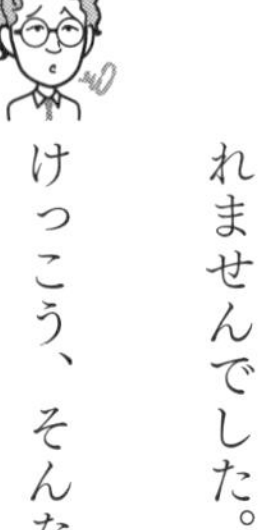

けっこう、そんなことありそうですよね。

そこで、今度の選挙で○○党のライバルである△△党に投票したところ、ほかの有権者も同様に考えたらしく、○○党から△△党に政権が入れ替わりました。

このように、私たち国民は選挙を通じて、主権を行使するのです。言い換えれば、選挙は民主主義を実現する上で最も重要な仕組みなのはわかったかな。

そうですね。でも、政権交代が起こったのは2度だけですよね。1993年の非自民・非共産八党派の連立政権（細川内閣）と2009年の民主党政権。どうして、政権交代が起こりにくいのでしょう。

その通り。それは後の章で考えていきましょう。

国民主権と天皇制

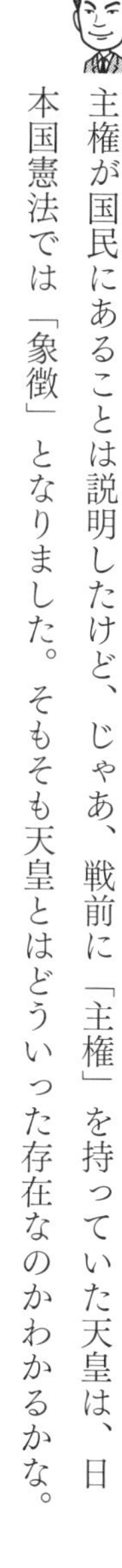

主権が国民にあることは説明したけど、じゃあ、戦前に「主権」を持っていた天皇は、日本国憲法では「象徴」となりました。そもそも天皇とはどういった存在なのかわかるかな。

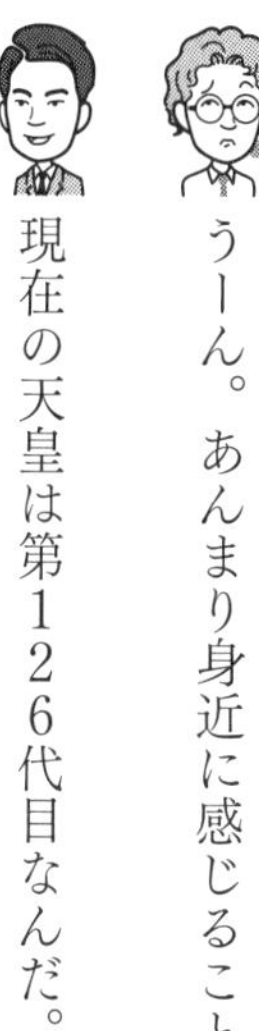

うーん。あんまり身近に感じることはないので、実感はないですね。

現在の天皇は第126代目なんだ。皇室の歴史は神話から始まっているのは知ってるかな。

イザナギノミコトとイザナミノミコトという男女の神により日本列島が生まれ、その後、皇室の先祖であり、神道の最高神である天照大神（あまてらすおおみかみ）が誕生したんだ。初代天皇の神武（じんむ）天皇はその子孫。でも、『日本書紀』に書かれている内容はどこまでが史実か不明であり、何代目の天皇から実在したのかはわかりません。ただ、どんなに少なめに見積もっても皇室は１５００年以上続く世界最古の王家のひとつです。
しかも皇位は、皇室典範（こうしつてんぱん）の第1条に「皇統に属する男系の男子」と定められているんだ。

いま、話題になっていますね。

そう。皇統が先細りしているのは、問題になっているよね。〝男系の男子〟というのは、父方が天皇の血を引いている男子のことです。日本の皇室は例外なく１２６代にわたり男系で維持されてきました。かつて女性天皇は、８人はいましたが、すべて父方は天皇です。父が民間人の天皇はひとりも即位していないんだ。

そんなに長い間、男系だけで続いているなんて驚きます。じゃあ今の憲法で天皇というの

はどういう位置付けなんですか。

「象徴」っていうのは、知っていると思うけど、日本国憲法の第1条には「天皇は、日本国の象徴であり日本国民統合の象徴であって、この地位は、主権の存する日本国民の総意に基づく」とあるんだ。

大日本帝国憲法では「主権」という位置付けだったけど、日本国憲法では「象徴」。じゃあ象徴ってどういう意味なんでしょう。

日本国憲法では、国民主権をうたっているので、実際に天皇が政治を行う権限はありません。内閣の助言と承認に基づいて、一定の国事行為を儀礼的に行うだけです。

では、天皇の存在に意味がないのか。そんなことはありません。**天皇には絶大な権威があります。しかし、権力は持たないのです。**天皇は権威と権力の両方を持たずに君臨しているので、その結果として政治が安定するのです。ここにメリットがあるのであって、日本の政治の根本的な特質を見ることができます。

えっ、象徴って、そんなに力がないと思ったけど、そうじゃないんですね。確かに東京オリンピックで開会宣言したけど、そういえば、宣言をするのは「元首」って言ってたので……。うーん、難しくなってきたなあ。

天皇の権威と象徴というのは、日本史の問題になるから、ちょっと深くは触れないけど、次のようなことは言えると思うよ。
源頼朝（みなもとのよりとも）、足利尊氏（あしかがたかうじ）、そして豊臣秀吉（とよとみひでよし）といった権力者は、自分が天皇にとって代わろうとはしなかったよね。歴史のある天皇家を滅ぼして取って代わるよりも、その天皇家から「征夷大将軍」や「関白」といった権威付けをしてもらって、自分たちの政権を安定させることを考えたようだね。

実質的な権力はなかったんですね。でも、大日本帝国憲法（明治憲法）では、天皇に主権があったということは、権力を持っていたんですよね。

それもそうとは言い切れないところがあるんだ。絶大な権限を持っていることになっていても、天皇自らの判断で政治を行えたわけではないんだよ。例えば、日清戦争、日露戦争、第一次世界大戦、太平洋戦争について歴代天皇は反対か難色を示していたそうだけど、実際には戦争に日本は突入していったのは知っての通りだよね。

それはかなりの衝撃です。驚きました。

基本的人権

じゃあ憲法の話に戻ろうか。基本的人権についてだね。
第11条にはこうあります。

国民は、すべての基本的人権の享有を妨げられない。この憲法が国民に保障する基本的人権は、侵すことのできない永久の権利として、現在及び将来の国民に与へられる。

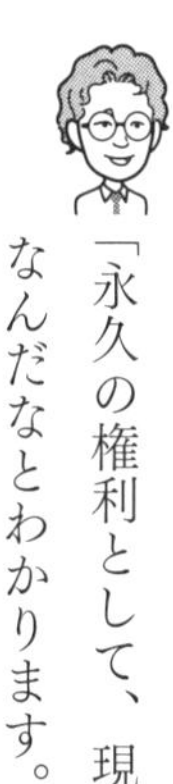

「永久の権利として、現在及び将来の国民に与へられる」というのが、とても大切なことなんだなとわかります。

もう、その通りだよ。この条文には、基本的人権を理解する上で、重要な3つの性質が含まれています。それは、**固有性・不可侵性・普遍性**です。じゃあ、その3つについて説明してみようか。夏山くん、説明できるかな。

多分、これって「当たり前」のことですよね。固有性って、「固有の権利」って確か憲法のどこかの条文にもあったから、いつでもどこまでも、人間として生まれた瞬間に持っていることじゃないんですか。

おお、その通り。わざわざ憲法に明記しなくても人間なら生まれながらに備えているってこと。ドンピシャで正解！

ありがとうございます。不可侵性っていうのは、侵されないということでしょ。誰に侵されないかっていうと、国家とかの大きな権力でしょ。

これも正解。私たちの人権が侵されることなんてないと思うかもしれないけど、第二次世

界大戦中、ドイツのナチス政権がユダヤ人を迫害したのはよく知られているよね。

確かに。じゃあ、普遍性って何ですか。

普遍性とは人種、性別、身分、職業などどんな理由でも差別されることはないという意味。
つまり、誰もどんな理由があっても差別されないってこと。

わかりますけど、そんなにいろいろ認めたら、困ったことになりませんか。なんかあったら、「差別だ。差別！」って騒ぐ人が増えるんじゃないですか。

だから、人権が無制限に認められるわけではなく、「公共の福祉に反しない限り」というただし書きがあるんだ。「他人の権利を侵害するような自分勝手なことをしない範囲において」ということさ。

なんか、理由をつけて制限されている気もします。保障しているといっても、「努力目

標」みたいな。

そう思えるかもしれないけど、ちゃんと明記することで、差別が暴走しない安全装置の役割にもなっているんだ。

憲法に保障されている基本的人権は、自由権、平等権、社会権、参政権、請求権の5つ。それぞれについてちょっとだけ説明していこうか。

お願いします。わかりやすいものとそうじゃないものがあります。特に自由権って「自由にしていい」って意味だと思うけど、ふわふわして意味がつかみにくいです。

じゃあ、できるだけわかりやすく説明してみようか。理解のきっかけになると思うんだけど、5つの権利は、私たち国民が国家に対して持っている権利なんだ。つまり、**権利を行使するのは国家。**これを覚えておいてほしい。

じゃあ、自由権。これは国家権力の干渉から自由になることです。何の自由かというと、「精神の自由」「人身の自由」「経済活動の自由」の3つです。

精神の自由とは、自由に物事を考え、表現することを国家が保障する。頭の中の範囲であればどんなにヤバいことを考えていても問題ないってことでしょう。

そう。人に迷惑をかけなければ、何を考えてもいいんだ。それができないなんて想像できないよね。そう思うと、精神の自由っていうのは、民主主義の一番の土台だと考えられています。

じゃあ、次にいこう。人身の自由とは、正当な理由なく身体の自由は奪われないことを保障するものです。

「そんなの当たり前じゃないか」と思うかもしれないけど、現代でも、海外では警察・検察が無実の人間を逮捕し、自供を強要、証拠を提造するなど、適切な法手続きに基づかない人身の自由を奪う事件がたびたび起きてるよね。

日本にしても、警察や検察に推定無罪の原則から外れて、不当に身柄を拘束されてしまうことがある。

確かにニュースになっていますね。「警察の行き過ぎ捜査」とニュースになることがある

けど、それだったんだ。3つめの経済活動の自由って、日本だと当たり前のように思うけど……。

今の日本じゃあまり意識できないかもしれないね。これは、自由に住む場所を選び、好きな仕事に就き、自分の財産を好きに処分することを保障することです。これも当たり前と思うかもしれないけど、そうじゃない場合もあるんだ。例えば、江戸時代の日本。職業選択の自由は制限されていたし、住むところを移動するのはとても困難でした。現代でいうなら中国だね。中国人の戸籍は、農村戸籍（6割）と都市戸籍（4割）に分けられている。農村戸籍を持つものが自らの意思で自由に都市へ移住することは原則できないんだ。

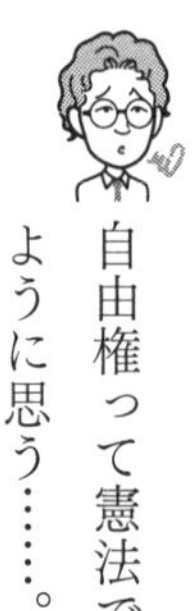

自由権って憲法で保障されている割には、なああというか、ちゃんと保障されていないように思う……。

まずは前に進めようか。平等権というのは、第14条で触れられているけど、夏山くん、ちょっと読んでもらえるかな。

はい。第14条にはこうあります。
「すべて国民は、法の下に平等であって、人種、信条、性別、社会的身分又は門地により、政治的、経済的又は社会的関係において、差別されない」

平たく言うと、「全員平等だから、差別をするな」ってことだよね。この平等っていうのは、2つに分けられるんだよ。形式的平等と実質的平等。
形式的平等っていうのは、特定の人を優遇したり差別したりせずに、すべての人を均一に取り扱うってこと。堅苦しい言い方になっちゃったけど、例えば、選挙権は「18歳以上の日本国民」に与えられているよね。これが形式的平等の一例かな。

そうか、全員に均一に与えられるってことか。じゃあ、税金もそうですね。

おっと、いい指摘だね。実は、納税は違うんだよ。
日本って、所得などに応じて税金を支払う額が違うんだ。これは累進課税（るいしんかぜい）制度って言うんだけど、ちょっと考えてほしいんだ。

形式的平等で考えると、納税する額は、所得にかかわらず同じ額であるべきだよね。でも、すべての条件を同じにすると、所得の高い人に比べ低い人の負担が増えてしまう。月収が30万円と100万円の人から、同じ額を徴収したら、30万円の人の負担は大きいよね。かえって不平等を助長することになる。

このように、それぞれの人の置かれている状況に着目して、経済的・社会的な格差是正をすることで平等を図ることを実質的平等と言います。

未成年の刑罰を軽くする少年法もそうですか。

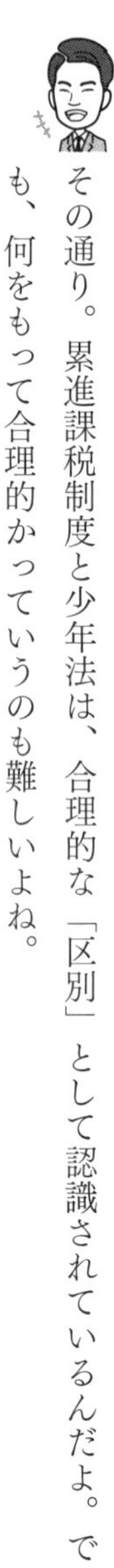

その通り。累進課税制度と少年法は、合理的な「区別」として認識されているんだよ。でも、何をもって合理的かっていうのも難しいよね。

少年法を逆手にとって凶悪な犯罪をする未成年もいましたよね……。

そうなんだ。裁判の理由になることもあることは覚えておいたほうがいいよ。じゃあ、次

の社会権に行こう。社会権に触れられている第25条1項って第9条の次によく知られているんじゃないかな。

第25条1項は
「すべて国民は、健康で文化的な最低限度の生活を営む権利を有する」
健康で文化的な最低限度の生活って聞いたことがありますね。

日本は資本主義社会で、経済活動は自由競争で行われているよね。自由競争っていうのは、個々の人間が置かれた状況に差があるということだから、平等じゃないんだ。つまり、貧富の差は必ず発生する。

そうですね。でも、それはその人の責任が１００％ですよね。

確かにね。そうなると、人間らしい生活を送ることは難しいかもしれない。だから、最低限のところは憲法で保障してあげるということなんだ。

そうは言っても、文化的な最低限度の生活を送るために、お金をもらったことはないですよね。

それがポイントのひとつなんだよ。どの程度が最低限度なのかという点を問題として裁判にもなったんだ。結論として、「月額15万円を最低支給する」といった具体的な権利を示したものではなく、第25条は、政府の果たすべき道義的な目標を示しているに過ぎないというプログラム規定説を判決として出した。

絵に描いた餅……。

そう言うと身もふたもないけどね。だから、生活保護の水準をどの程度にするかは、現場の最高責任者である厚生労働大臣の判断に任せるとなったわけなんだ。
その社会権には、今説明した生存権の他に、教育を受ける権利と労働基本権があるんだ。
これはセットで考えたほうがわかりやすいと思う。

聞いたことはありますけど、どうしてセットなんですか。

明治維新後の日本もそうだったんだけど、かつては子供は労働力として扱われ、十分な教育が受けらなかったんだ。一日中働かされていた。未来の国家を支える子供をちゃんと育てようということで、小中学校は義務教育になっているんだ。親は子供に教育を受けさせる義務があるんだよ。

でも、どうして教育が社会権に含まれるんですか。

こういうケースを考えてみようか。もし、国が子供に教育を受ける環境を整備しなかったら、それは各家庭に任されることになるよね。経済的に豊かな家庭は優秀な先生を雇えるので、その子供は良質な教育を受けられるけど、貧しい家庭の子供は十分な教育を受けることができなくなってしまう。

教育とは、個人の自立を促すためには必須で、その後の人格形成や就業機会に大きな影響を与える。教育を受けたかどうかは、大人になったときの社会的格差につながりかねない。

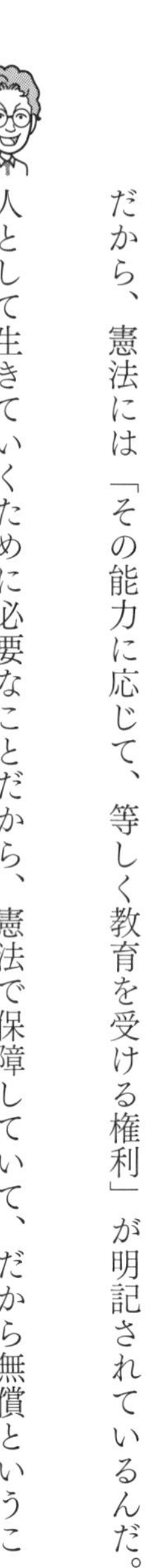

だから、憲法には「その能力に応じて、等しく教育を受ける権利」が明記されているんだ。

人として生きていくために必要なことだから、憲法で保障していて、だから無償ということか。

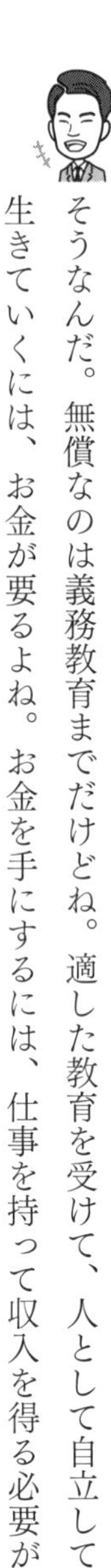

そうなんだ。無償なのは義務教育までだけどね。適した教育を受けて、人として自立して生きていくには、お金が要るよね。お金を手にするには、仕事を持って収入を得る必要が出てくる。そのために、労働基本権が認められているんだ。
この「勤労の権利」によって、働く機会が国によって保障されているのは、知っておいたほうがいいと思うよ。

でも働く機会が与えられても、収入に満足できないこともありますよ。

労働者は雇われ身分で、会社とは対等の身分ではないよね。そこで、〝労働三権〟を与え、会社との交渉ができるようにしました。それは、団結権（労働組合を作る権利）、団体交

渉権（団体で賃上げなどを要求する権利）、団体行動権（ストライキを起こす権利）で、これを説明するとそれだけで本が1冊できるから、まずは次に行こうか。

参政権ですね。第1章で少し触れました。

確認しておくと、参政権というのは、文字通り〝政治に参加する権利〟。憲法ではさまざまな人権が認められていると説明したけど、どこか〝矛盾〟も感じたよね。完全無欠ではないんだよ。そうなると、日々生活をしていると、どうしても不満が出てくる。

憲法が枠組みを決めてくれてるんだから、その中身を法律で決めてくれよって思います。

自らの生活を守ったり、充実させたりするためには、投票する（あるいは立候補する）など積極的に政治に関わって変えることができるんだ。そのために参政権があるんだよ。

参政権で政治に関われることはわかったけど、それでも納得できないこともありますよね。

それを保障してくれているのが請求権です。請求権とは、人権保障を確実にするため、国家に一定の行いを要求する権利です。請求権は請願権、裁判を受ける権利、国家賠償請求権、刑事補償請求権の4つがあるんだけど、裁判を受ける権利は、文字通りの意味なのでわかるよね。他の3つの権利について説明しようか。

まず請願権は、国や地方公共団体に対して、意見や苦情を直接伝える権利です。

これって当然のことじゃないんですか。納得できなかったら、誰でも役所とかに訴えられるじゃないですか。

そう思うよね。私たちが生きている現代は、言論の自由があって、インターネットなどで自分の意見を伝えることが簡単にできるけど、昔は、請願すること自体が認められていなかったことを考えると、とっても大事な権利だよ。

言われてみれば……。

例えば、消費税増税が反対であれば「消費税を廃止してほしい」という請願の文書を国や地方公共団体に提出することができます。ただし、提出を受けた機関は受け取る義務こそあれ、それを実現する義務はありません。

異議申し立てをすることは妨げないってことですね。

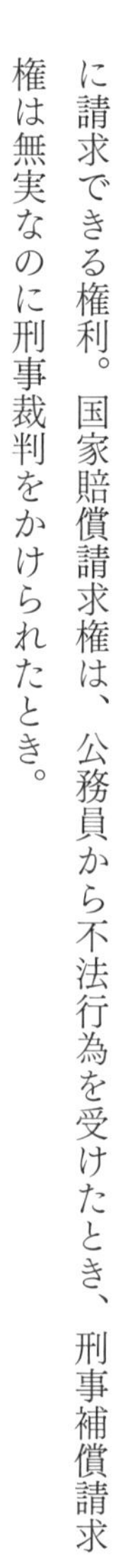

そうそう。国家賠償請求権と刑事補償請求権は、自分が国家から不当な扱うを受けたときに請求できる権利。国家賠償請求権は、公務員から不法行為を受けたとき、刑事補償請求権は無実なのに刑事裁判をかけられたとき。
ここで強調しておきたいのは、請求権は、年齢も国籍も問わないってこと。

あ、参政権と違う。

選挙権のない小学生や外国人も請求をすることができるんだよ。日本国民に限らず国家などから不当な扱いを受けるいわれはないということだね。

基本的人権はこれぐらいにして、次は9条と平和主義について考えてみようか。

9条と日米安保

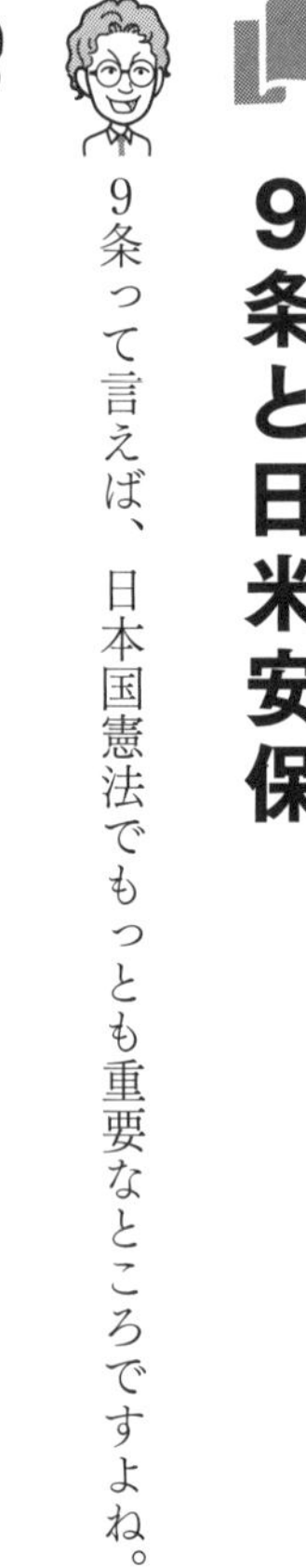

9条って言えば、日本国憲法でもっとも重要なところですよね。

そうだね。これを夏山くん、読んでもらえるかな。

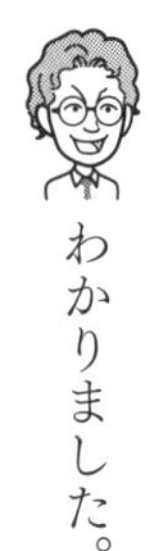

わかりました。

9条【戦争の放棄、戦力及び交戦権の否認】

①日本国民は、正義と秩序を基調とする国際平和を誠実に希求し、国権の発動たる戦争と、武力による威嚇又は武力の行使は、国際紛争を解決する手段としては、永久にこれを放棄する。

②前項の目的を達するため、陸海空軍その他の戦力は、これを保持しない。国の交戦

自衛隊と９条

※侵略目的ではなく自衛目的だから

9条

1　日本国民は、正義と秩序を基調とする国際平和を誠実に希求し、国権の発動たる戦争と、武力による威嚇又は武力の行使は、国際紛争を解決する手段としては、永久にこれを放棄する。

2　前項の目的を達するため、陸海空軍その他の戦力は、これを保持しない。国の交戦権は、これを認めない。

権は、これを認めない

ありがとう。日本国憲法で、平和主義というのは前文と9条に書かれています。ポイントは、**戦争の放棄と戦力の不保持**なのは、夏山くんもわかるよね。

はい。「紛争解決の手段として戦争を放棄する」とありますから、明確ですよね。

確かにそうだけど、何もこういう規定があるのは日本国憲法だけじゃないんだ。

えっ、そうなんですか。

フランス、ドイツ、韓国などの憲法にもみられます。でもね、どの国の憲法も、侵略目的の戦争を放棄していて、自国を守る目的（自衛目的）の戦争は放棄していないんだよ。

でも、戦争を放棄するって言ってても、フランスとかドイツが軍隊を他国に派遣するのが問題になったのはあまり聞いたことはありませんよね。

そこがポイントだね。9条の第2項が問題なんだよ。

どういう意味ですか。他の国も一緒ですよね。

「前項の目的を達するため」という文言がクセモノです。

「前項の目的を達するため」としては、戦力を持たないんだから、第1項の「国際紛争を解決する手段」としては戦力を持たない。つまり、侵略目的の戦力は持たないということなら、別の目的ならいいのかということに解釈されるかもしれませんよね。

そこで、侵略目的ではなく自衛のためなら何かしらの手段を持つことができると強引な解釈をし、自衛のための手段、すなわち、現在の自衛隊を持つことになったんだ。

でも、いくら「自衛のため」とはいっても、やはり憲法を素直に読めば〝戦力〟を持つことはできないと思うんですけど。

だよね。誰が読んでも戦力は持てないと思うはず。そこで政府は〝戦力〟とは〝自衛のための最低限度を超える実力〟と定義したんだ。そして、自衛隊は「最低限度の実力」なので、〝戦力〟ではないとしています。もちろん、軍隊でもありません。

それってだいぶ無理がありますよね。なんですか〝実力〟って。

ややこしいよね。普通に読めば〝戦力〟の自衛隊を〝実力〟として、持てないものを持てるようにしている。

〝解釈〟によって実質的に改正した状態を作り出すことを〝解釈改憲〟と言います。これ

自衛隊は軍隊か

※自衛隊は戦力でも軍隊ではない！

戦力
＝
自衛のための必要最小限度を超える実力

←超えている

必要最小限度

←超えてない

だと、どうとでも解釈できるので、自衛隊の役割を際限なく拡大することができます。これが自衛隊をめぐる現状です。

明らかに戦力っていうなら、憲法に違反しているんでしょ。じゃあ、自衛隊を廃止しないといけなくなるんですか。そんなの無理でしょう。

〝解釈改憲〟を続けるなら、自衛隊が違憲かどうかは、ややこしいよね。本来であれば、選択肢は2つしかありません。

ひとつは、憲法9条を素直に読み、戦力は持てないのだから自衛隊は持たないという選択肢。もうひとつは、9条を改正し、戦力を持つという選択肢です。

憲法改正して、ちゃんと正々堂々と持てばいいというのはわかるんですけど、そういうこと突然言われても困るというのが、国民の反応じゃないでしょうか。

それが一番の問題なんだ。国民の間で、「軍隊を持つべきか、持たないべきか」の合意がまったくない。なぜ合意がないかというと、ＧＨＱの占領下で今の憲法が作られ、自衛隊のもととなる警察予備隊ができたからです。そこに国民が自由に議論する場はなかったのです。

自衛隊が違憲かどうかを考える場合、どうして自衛隊がつくられたかを知ることが効果的だと思う。ちょっと振り返ってみようか。

第二次世界大戦に負けた日本は、ＧＨＱにより軍隊を解散させられたっていうのは知ってますよ。

当初、ＧＨＱは日本の経済復興を許すつもりはなく、アメリカやヨーロッパの従属的な立場にする考えを持っていたんだよ。実現はしなかったけれど、日本を4分割して米・欧・ソ連（ソビエト連邦）・国連で管理しようって案も検討されたほどだったんだ。結局それは、ソ連への警戒から実現はしなかったんだけど、極端な弱体化政策を行ったことは間違いない。また、ＧＨＱは日本に軍隊を持たせる気はなかった。

持たせるつもりはなかったっていうけど、そんなに本気だったんですか。

少なくともマッカーサーはそう思っていたようだね。占領された日本に、ＧＨＱがまずやったことは、第一次産業主体の経済構造に変えることだったんだ。だから、工場や研究施設を破壊した。

それはひどい。文化の破壊じゃないですか。それでも、軍隊を持つことになったのはなぜですか。

ソ連の存在だよ。第二次世界大戦が終わる前から、ソ連はアメリカにとって障害になることはわかっていたんだ。ただ、日本を取り巻く状況がずいぶんと変わってしまった。一番大きな要素はなんだかわかるかい。

朝鮮戦争ですか。

おしい！　確かにそれも大切なんだけど、その前に、中国の内戦が終わり、ソ連に次ぐ共産党政権ができる気配が高まったんだ。「日本をあまりに苛め抜いて、共産圏の国になったらまずい」との考えから、徐々にＧＨＱの政策が転換されていくことになっていくんだよ。そうこうしているうちに、１９５０年に朝鮮半島で朝鮮戦争が勃発することになる

どうして、朝鮮戦争が原因で自衛隊ができるのか、まだわかりません（笑）。

だよね。日本にいたアメリカ軍は朝鮮半島に出兵しなければならないから、「日本の安全は自国でなんとかしろ」とのアメリカの指示が出ました。当時は、労働運動が盛んになっ

ていて、デモも多くあったんだよ。そういうことで、１９５０年に警察予備隊が発足しました。これが後の自衛隊になっていきます。でも、軍隊を解散させ、憲法9条を作っておきながら、１８０度方針転換するというのは節操がないよね。

これ以上踏み込むと、本筋から外れてしまうから、自衛隊の成り立ちに関してはここまで。次は集団的自衛権について考えてみましょう

集団的自衛権と個別的自衛権の違いって

木田先生、個別的自衛権って自分の国が攻撃されたら、それを守るってことですよね。集団的自衛権も、同盟している国が攻撃されたら、加盟する国が攻撃するってのも当たり前だと思うんですけど。

そうだね。でも9条には反するって解釈を日本政府はとってきました。１９７２年、田中角栄内閣のときに政府は、集団的自衛権は持っているが行使できないとの解釈を発表したんだ。それ以降、歴代の内閣もそれに沿っていたんだけど、２０１４年、第二次安倍内閣は集団的自衛権の一部容認をしたんだ。そのために、法律や憲法を変えたりせずに、これ

個別的自衛権・集団的自衛権の違い

※友達が攻撃されたときに反撃するのが集団的自衛権！

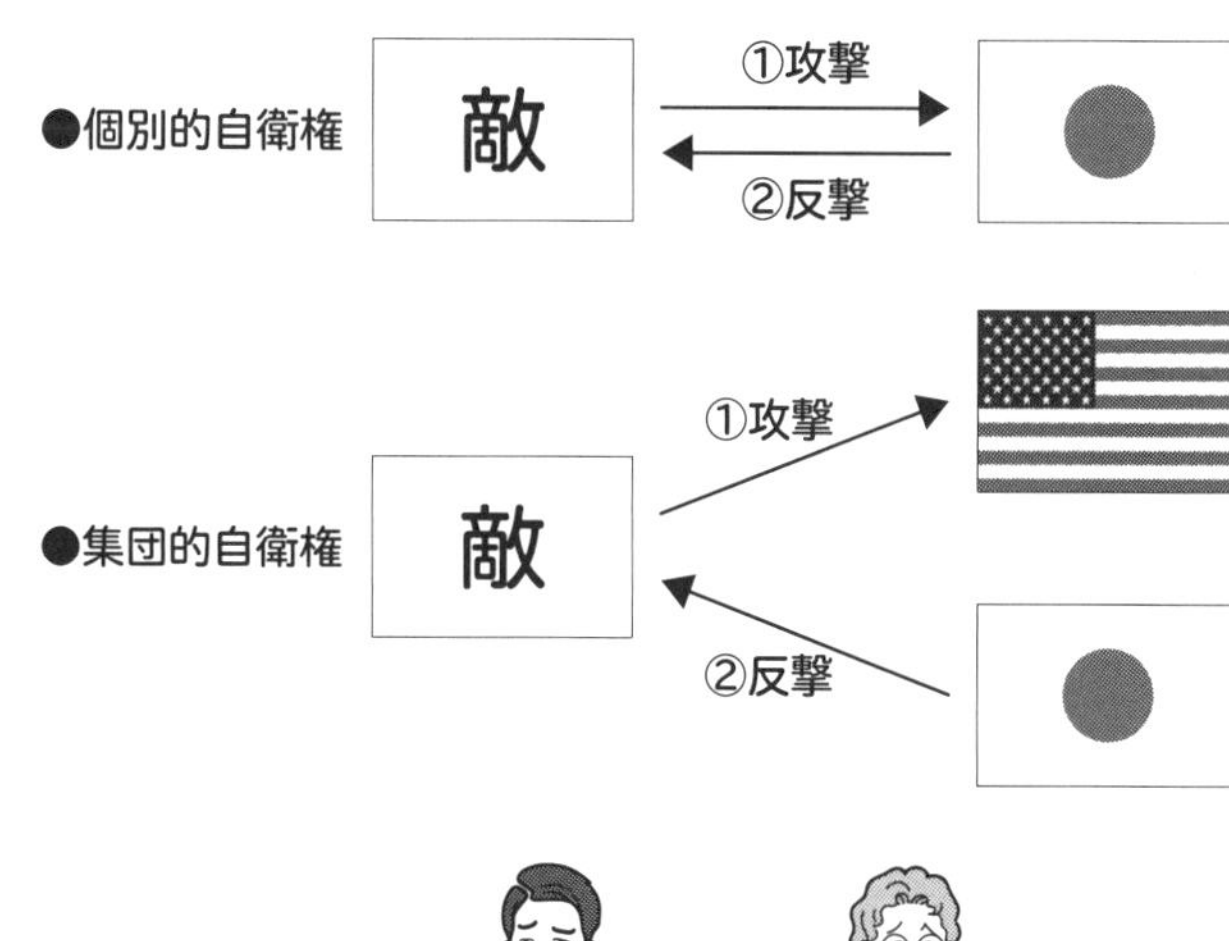

まで「憲法上許されない」としてきた集団的自衛権の行使を認めたので、これを「解釈改憲」と呼んだのです（79ページ参照）。

そんな国にとって大切なことを「解釈改憲」で決めていいのかって思います。でも、どうして憲法を変えようと言わなかったんだろう。

どうやったら日本国憲法を変えることができるかは、あとで触れるけど、まず集団的自衛権と日本とアメリカの関係についてもうちょっと考えてみようか。

そもそも、1960年代のベトナム戦争時、とくに1965年ごろから日本のアメリカ軍基地から多くの爆撃機が飛び立っていったようなんだ。これを、日本はアメリカ軍に土地を貸すことで戦争に協力していたと考える人もいます。

どこまでを戦争に協力したかを判断するのは難しいけど、そういう言い分もわからないでもないかな。確かに、実際に戦場に行って人を殺したわけじゃないけど、後方支援したとは言えるかも……。

日本の国土にアメリカ軍の基地がある――。それを考えるにはもう一度、日本の歴史を振り返る必要があるんだ。

日本は１９５１年にサンフランシスコ平和条約を締結し、国家として独立することが認められました。１９４５年の太平洋戦争（第二次世界大戦）敗戦以降、日本には主権がなく、この条約でようやく国家として主権を持つことができた。独立するまでの間は、占領軍が煮て食おうと焼いて食おうと勝手だったけど、１９５０年の朝鮮戦争あたりでアメリカの態度も徐々に変わり、「日本への占領を継続して恨みを買うより、一刻も早く独立させ、アメリカ陣営に取り込んだ方が得だ」と考えるようになりました。

ちょっと疑問に思うんですけど、日本って憲法9条で軍隊を持っちゃいけないじゃないですか。でも、ソ連や中国が脅威になっているなら、日本に自分で国を守れって言っても難しいんじゃないですか。自衛隊、あっ、まだ警察予備隊か。

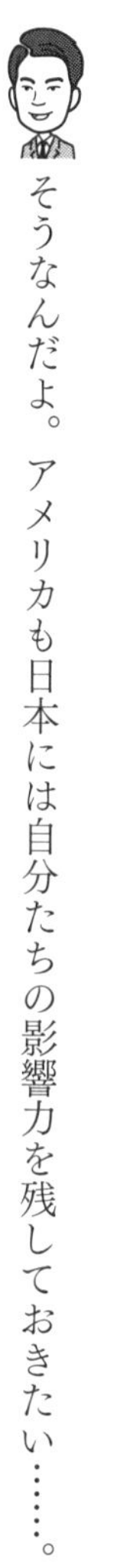

そうなんだよ。アメリカも日本には自分たちの影響力を残しておきたい……。アメリカ軍も完全撤退するつもりは毛頭なかった。まだベトナム戦争は続いていたしね。

でしょ。じゃあどうしたんですか。それが日米安保条約ってことですか。

その通り。そこで、「日本とアメリカは軍事同盟を結んでいるんだ」という体裁のもと、サンフランシスコ平和条約を結んだ同じ日に日米安全保障条約（以下、旧日米安保条約）を結んで、アメリカ軍がそのまま駐留できるようにしたんだよ。

なんか行き当たりばったり感は否めなせんね。

旧日米安保条約当時の状況など

※アメリカ軍が日本に駐留する条約

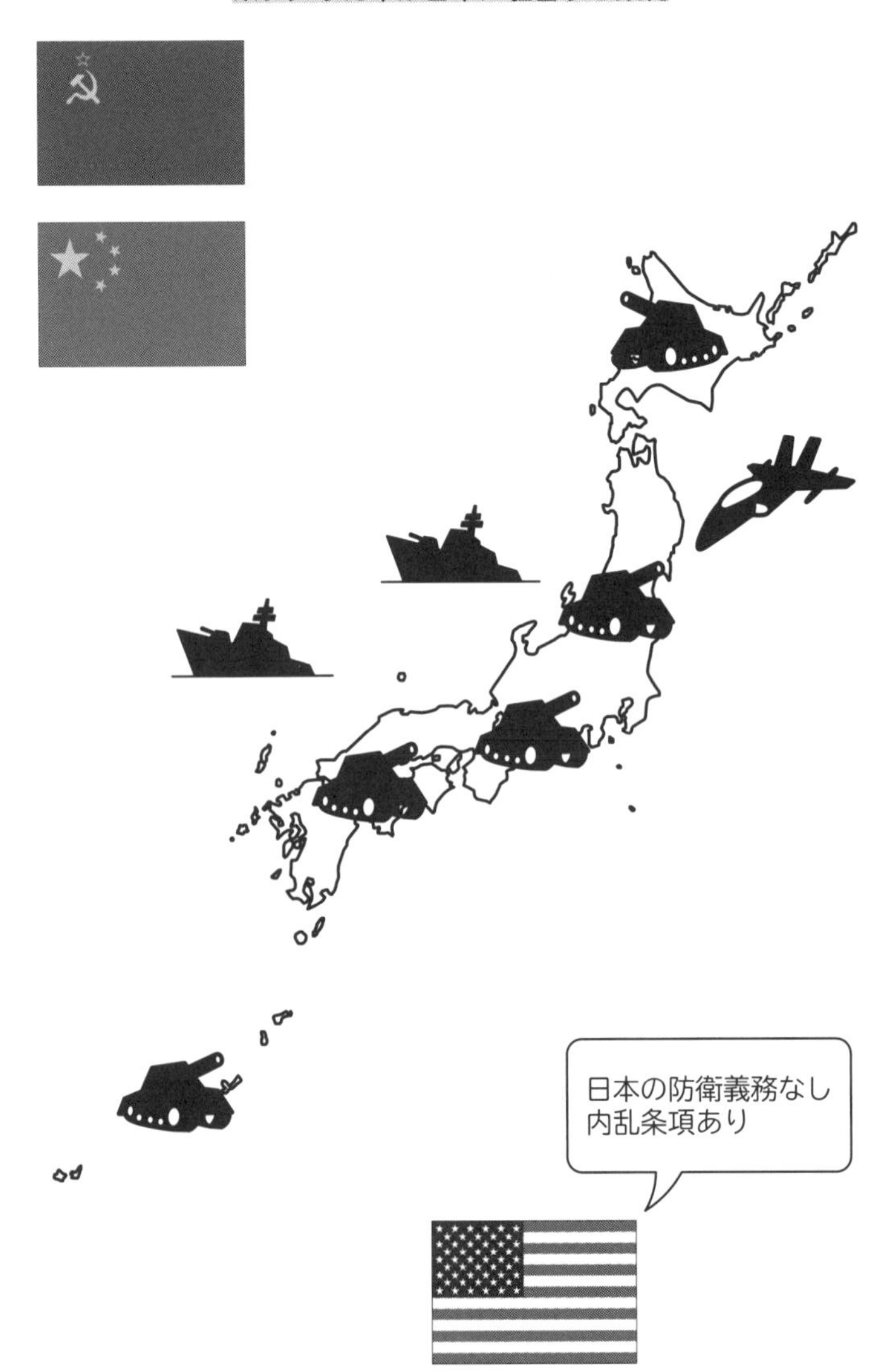

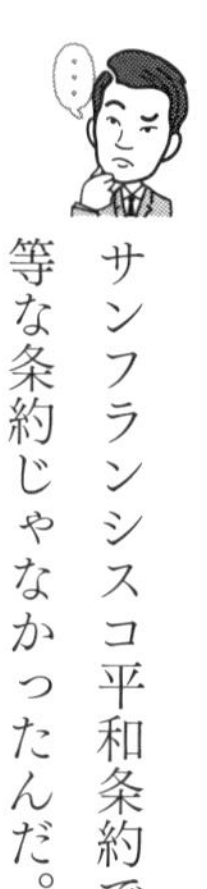

サンフランシスコ平和条約で日本は主権を回復したけど、旧日米安保条約はアメリカと対等な条約じゃなかったんだ。

どういうことですか。お互いに守り合いましょうってことでしょ。

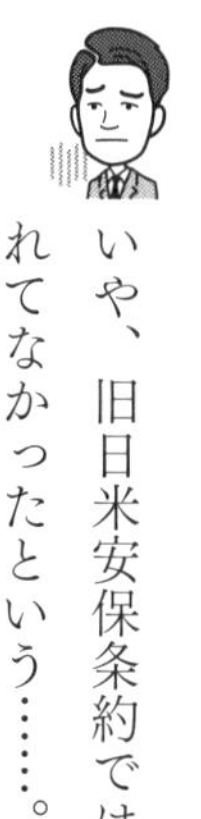

いや、旧日米安保条約では、日本が攻撃された際に米軍は日本を守る義務について明記されてなかったという……。

それって軍事条約じゃないです。

まだあるよ。日本で内乱が起きた際には米軍が出動することができる、つまり、アメリカが日本の問題に介入できる条項があったのです。さらに、この条約がいつまで続くのか、条約を解消する場合はどうするのか、といった取り決めは一切ありませんでした。

やられっぱなしじゃないですか。

そう思うよね。つまり、アメリカは、日本が独立しても、ずっと基地を日本に持っておきたかったんだ。「占領軍」という名前が「在日アメリカ軍」に変わっただけで、実質的には旧日米安保条約により占領が続くことになったんだ。日本の周辺には、ソ連や中国など社会主義の独裁政権が居座っているため、アメリカは日本への影響力を失いたくなかったことは、大きいね。

不平等だったら、平等にしようと思いますよね。

旧日米安保条約の改訂を掲げたのが岸信介でした。１９５７年に総理に就任した岸は、アメリカ大統領アイゼンハワーとの間で旧日米安保条約を改定する方針で一致して、改訂作業に入ったんだ。それで１９６０年、以前よりも対等化されて改訂されることになったんだ。

でも、国民は黙っていなかった。社会党・共産党や学生・市民・労働組合などが中心となって「アメリカとの軍事同盟が固定化され、戦争に巻き込まれる！」と史上空前規模の反対運動を起こした。これを安保闘争と言います。

日米安保条約の改定

※不平等な日米安保を改正する

日米安保改定のポイント

- 日米の共同防衛義務を明確化
- 内乱条項は削除
- 事前協議制の導入
- 10年ごとに継続するか交渉

安保闘争はテレビでもよく見ます。あんなに多くの人が国会を取り囲んでいたのに驚きました。

戦争にかかわりたくないって気持ちも彼らの背中を押したんだろうね。日米安保条約の改訂は、結局参議院の同意がないまま、衆議院の優越（後述）で承認されたんだ。

岸元総理は、条約の承認のあと退陣することになった。死者まで出た安保闘争の責任を取ったといわれている。

改訂っていうけど、どこがどう変わったんですか。日本とアメリカは対等な関係になれたんですか。

旧安保と比較すると、まず、アメリカ軍が日本を守る義務が明記されました。また、アメリカ軍が日本の内乱に出動できる内乱条項が削除されたり、事前協議制の導入もされました。ただ、在日アメリカ軍の配置・装備に関して重要な変更がある場合には事前協議を行うことになってはいるけれど、今まで一度も行われたことはないんだ。朝鮮戦争、ベトナム戦争、イラク戦争とこれまで、事前協議が妥当なことがあっても、一度も行われてていないんだ。つまり、書いてるだけ。

せっかく決めたことなのに、そういう約束事を守らないのはよくないと思います。

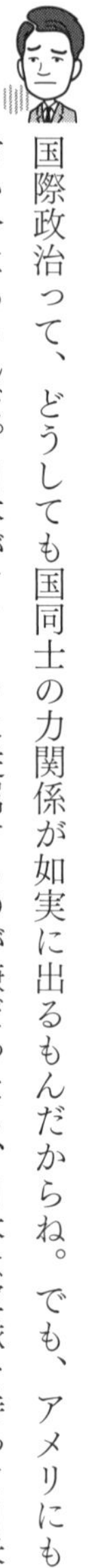

国際政治って、どうしても国同士の力関係が如実に出るもんだからね。でも、アメリにも言い分はあるんだ。日本がアメリカに従属するのが嫌だったら、日本は軍隊を持って日米安保条約を完全に対等なものにすればいいいんだ。

でも、日本は自衛隊はあっても、軍隊は持てないじゃないですか。結局は、アメリカ軍が日本にいないと困りますよね。

現実はそうだよね。そして、在日アメリカ軍は日本に駐在して日本を守ってくれるけど、日本はアメリカを防衛する義務はないんだよ。憲法9条や集団的自衛権の問題もあるしね。

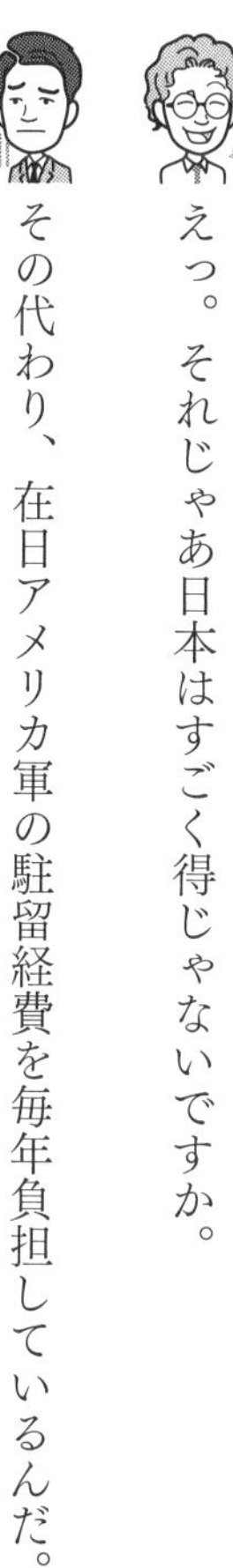

えっ。それじゃあ日本はすごく得じゃないですか。

その代わり、在日アメリカ軍の駐留経費を毎年負担しているんだ。

それが「思いやり予算」ですね。

現在、日本には約130カ所の米軍基地が置かれ、約5万人の米兵とその家族の約4万人が日本に住んでいるんだ。駐留アメリカ軍に基地や訓練場などの施設・区域を提供する義務を日本側に課しているのが日米地位協定というものなんだよ。

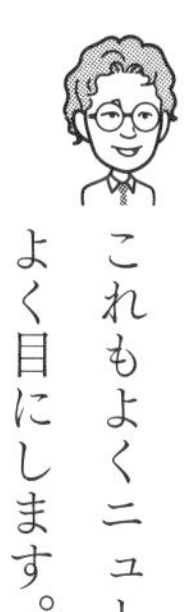

これもよくニュースで取り上げられますよね。アメリカ兵が悪いことをして逮捕されるとよく目にします。

日米地位協定とは

※日本に駐留するアメリカ軍が兵士に特権を認める

- 米軍は日本全土に基地を置くことができる
- 日本中の陸海路、空域を使用できる
- 物品税、通行税、揮発油税、電気ガス税を免除
- 民間空港・港湾・高速道路を自由に使用でき、利用料はタダ
- 日本政府の公共事業、役務を優先的に利用できる
- 基地返還の際、原状復帰の費用は日本が負担
- 米兵はビザなく出入国が可能
- アメリカの免許で車を運転できる
- 米兵が「公務執行中」に起こした事件・事故は、米軍に「第1次裁判権」がある
- 公務中かどうかを判断するのはアメリカ
- また、「公務外」で米兵が犯罪を犯しても、アメリカが、その人物の身柄を拘束した場合、日本側が起訴するまで、引き続きアメリカが身柄を拘束できる
- 基地内では、日本の法律は適用されない

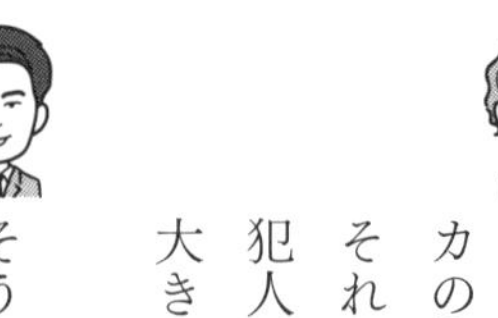

アメリカ軍やアメリカ兵に広範囲の特権を認めているんだ。特に問題なのは、アメリカ兵が罪を犯しても日本の法律で裁けないという点。「公務中」とアメリカが判断すれば、日本の裁判所で裁判を行うことができないんだ。

思い出した。沖縄の小学生の女の子がアメリカの海兵隊員たちに暴行を受けたんですよね。それでアメリカ側は日米地位協定を盾にして犯人たちの身柄の引き渡しをしなかったから、大きなデモがありましたよね。

そうなんだ。日本中が注目し、結局犯人は日本側に引き渡されてこの事件は解決したけど、根本的な問題は置き去りのままなんだ。

どういうことですか。

今に至るまで日米地位協定は一度たりとも改正されていないんだよ。アメリカ軍は世界中に展開しているのは知っていると思うけど、それぞれの駐留国とは地位協定を結んでいるんだ。韓国やドイツは数回にわたり地位協定を改定しているけど、日本に関しては一度もないんだ。

その理由って、日本が軍隊を持っていないことと関係あるんですか。

日本とアメリカの関係は、戦勝国と敗戦国という特別な形で始まった。それはドイツでも同じだけど、日本は憲法で軍隊を持てないから、安全保障をアメリカに依存しなければならないのは事実。だからといってここまで譲歩しなければいけないのかという思いはあるよね。

うーん。良い方向に進む感じがしませんね。せめて、日本国内で罪を犯したアメリカ兵が

日本の法律で裁かれればいいんですけど……。

そうだね。根が深い問題だよ。

日本国憲法はどうなるのか

日本国憲法が制定されてから70年以上も経った今、現状に合わせて日本国憲法を改正しようという動きはあるけど、なかなかそうはならないというか……。

一度もありませんよね。

そうなんだ。**現在施行されている世界各国の憲法で一度も改正されていないのは、日本国憲法だけ**なんだよ。通常の法律より改正手続きが厳しい憲法を硬性憲法と言うんだ。

とてもハードルが高いのは、授業で勉強しました。

憲法改正の原案を国会に提出し、それを衆議院と参議院で審議するんですよね。そして、それぞれ3分の2以上の賛成で、改正案が発議されると習いました。

そう。正確に覚えているね。ここでいう発議とは、あくまでも国民に対して憲法を改正する提案なのであって、最終的に決めるのは主権を持つ国民です。すなわち、国民投票により改正の是非を判断します。

国民投票にかけ、過半数の賛成を得れば、改正が承認されます。この条件が満たされたのち、ただちに天皇によって国民の名で公布される。

でも、国民投票法が改正されましたよね（17ページ参照）。あれって憲法改正の布石なんですか。

布石かどうかはわからないけど、憲法改正の手続きを明確にしようということだね。

CM規制を強化するなどを施行後3年を目標として法制上の措置を講じるということなんだけど、その他にも地域をまたぐ「共通投票所」を駅や商業施設に設けられるようにしたりして、投票機会を増やすことを考えているんだ。期日前投票の投票時間を柔軟にできるし、洋上投票の対象者を広げたりして、国政選挙などの投票環境を定める公職選挙法にそろえているのは大きいね。

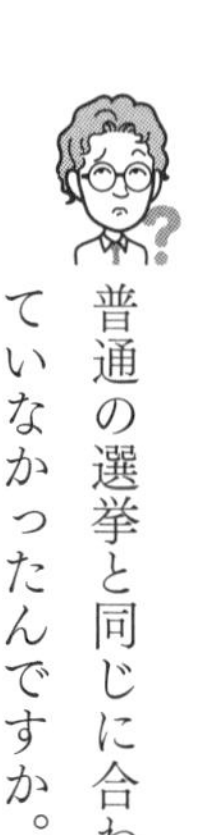

普通の選挙と同じに合わせようとしているのはわかったんですけど、細かいことは決まっていなかったんですか。

そうなんだよ。実は、国民投票について細かい規定はなかったんだ。憲法の第96条に細かい規定がない。第96条はこう書かれている。

第96条　1　この憲法の改正は、各議院の総議員の三分の二以上の賛成で、国会が、これを発議し、国民に提案してその承認を経なければならない。この承認には、特別の国民投票又は国会の定める選挙の際行われる投票において、その過半数の賛成を必要とする。

これしか書かれていないので、「投票権は誰にあるのか」「過半数とは何の過半数か」といった細かい規定がわからない。そこで2007年に国民投票法が制定されたんだ。これで、憲法改正の具体的な手続きが定まりました。

この法律で重要なのは、きちんと規定を定めたこと。過半数とは、「有効投票総数の過半数」と決められました。つまり、投票しなかった人や無効投票は分母には入らないので、憲法改正に反対の人は必ず投票に行く必要があるってこと。

憲法改正に賛成でも反対でも、「どうやって改正するか」をきちんと決めたことで、もやもやしてたのはなくなりました。

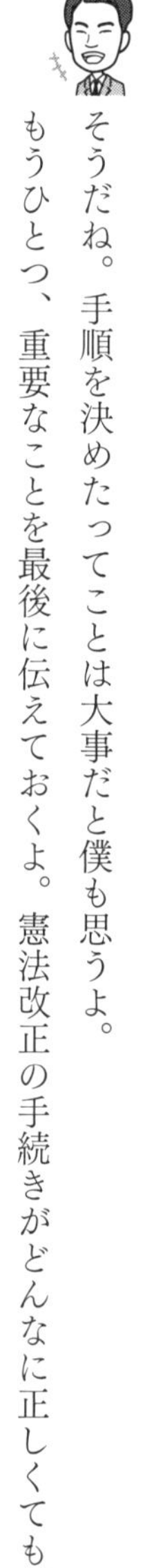

そうだね。手順を決めたってことは大事だと僕も思うよ。

もうひとつ、重要なことを最後に伝えておくよ。憲法改正の手続きがどんなに正しくても、憲法改正には限界があって、基本原理である国民主権・基本的人権の尊重・平和主義といった内容を改正することはできないとする憲法学者の説もあるんだ。

じゃあ、日本は軍隊を持った方がいいと思っている人たちは困るんじゃないですか。

憲法改正の国民投票が行われるときには、きちんと議論をしておく必要はあるね。他の国ではっきり限界を明記している憲法もある。ドイツの憲法といえるドイツ基本法では、ナチスの経験を踏まえ、人間の尊厳を定める1条などの改正は許されないとしているし、フランスとイタリアの憲法は、共和政体は変えられないとしているんだ。

どこかの国民である前に、人間として尊厳を脅かすものを否定しているってことか。

第3章 立法府について

国会とは

夏山くんにちょっと聞きたいんだけど、国会は何をするところだと思う。

政治をするところじゃないんですか。

残念。国会は立法府。つまり、**法律を審議するところ**なんだ。

そうか。でも、テレビとか見てると、政治をしているところだと思っちゃいますね。

それはもっともなことだよ。三権分立で行政を担うのが内閣だけど、首相（総理大臣）をはじめその内閣のメンバーも国会にいる。でも、国会が担っているのは、三権のうちの立法権。実際に憲法第41条では、こう書かれている。

「国会は、国権の最高機関であって、国の唯一の立法機関である」

よく「国権の最高機関」と呼ばれているけど、三権分立だから、内閣や裁判所に絶対的に優位な権限があるわけではないんだ。「最高機関」と呼ぶことを、政治的美称(びしょう)説と言うんだ。選挙で国民に選ばれた人が仕事をしているから、そういう思いが込められているんだろうね。

そうですけど、もうちょっとわかりやすければいいんですけど。

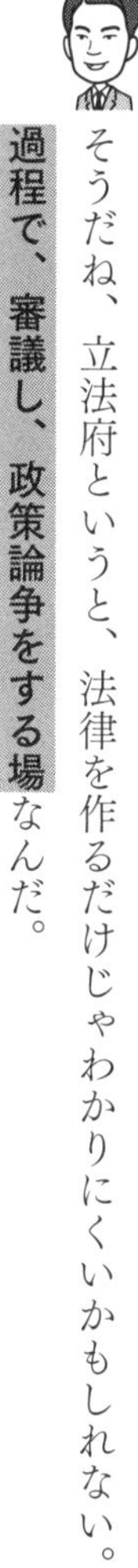

そうだね、立法府というと、法律を作るだけじゃわかりにくいかもしれない。**法律を作る過程で、審議し、政策論争をする場**なんだ。

実は、国会で法律を審議する段階では、法律の条文は出来上がっているんだよ。

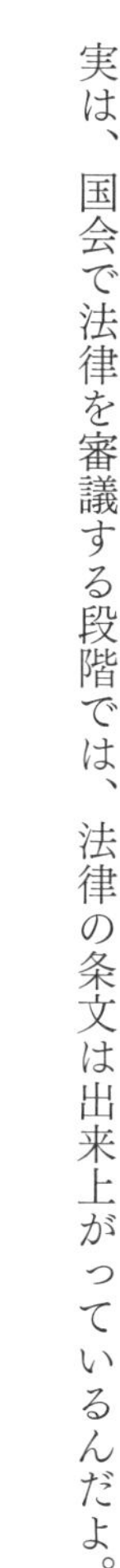

あぁ、政令・省令として細かいことは後で決めるから、国会では枠組みというか、ざっくりとした方向性を決めているだけだから、時間をかけずに済む……。

ざっくり言うとそうだね。だから国会では条文そのものをいじくる作業はしないんだ。例

えば、消費税法の国会審議ではすでに「税率は〇%とする」と書かれているんだよ。

じゃあ、国会ですることってないじゃないですか。

そう思うかもしれないけど、消費税法案をたたき台にして政府と野党が政策論争を国会で行うんだ。

政府「日本は財政難だから消費税を増やすしかありません」
野党「消費税増税しても消費が落ち込み逆に税収が減るんじゃないですか！」
政府「それにつきましては、キャッシュレス決済のポイント還元で……」
野党「そんなの景気対策にならない」
という感じだね。

法律を作る以外にもいろいろとやるんですね。

そうなんだ。法律、予算、条約を審議をする過程で、政策論争をする。そういう場所が国

会なんだ。

でも、法律を作るじゃなくて、どうして「審議」と表現するんですか。

それは、法律のベースというかたたき台となる法律案は、内閣が作るケースが多いからなんだよ。

なぜ二院制なのか

国会にいろいろな仕事があることはわかりました。質問があるんですけど、どうして国会は二院制なんですか。衆議院と参議院の2つにあまり差を感じないんですけど。

確かに世界には一院制の国もあるけど、日本は選挙制度が導入されて以来、ずっと二院制なんだ。それは、民主主義の歴史を振り返ることになるけど、ちょっとやってみよう。

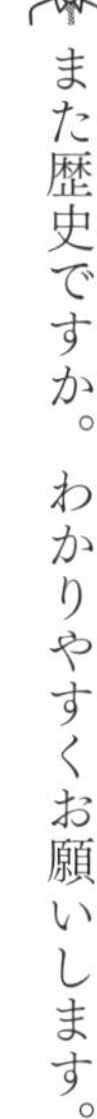

また歴史ですか。わかりやすくお願いします。

江戸幕府を倒してできたのが明治政府だけど、当初議会がありませんでした。つまり、明治政府の役人以外は、国の政策を決めることができませんでした。そして、議会をつくる気持ちもあまりなかった。
そういう政府の姿勢に「それはおかしいだろう！」と声をあげたのが、板垣退助（いたがきたいすけ）といった人たち。彼らが起こした運動が、〝自由民権運動〟と呼ばれています。

「板垣死すとも自由は死なず」ですね。

あの言葉はどうも怪しいけど、とにかく板垣退助が議会設立に尽力したことは間違いない。議会はつくられることになったけど、明治政府は不安になったんだ。

議会をつくることを怖がったということですか、なぜですか？

議会は選挙で選ばれた議員が集うので、もし選挙で反政府的な人ばかりが選ばれると議会が乗っ取られるんじゃないかと思ったんだ。それでひねり出したのが二院制。つまり、選

挙で議員を選ぶ衆議院と、選挙を行わない貴族院の二院制となったわけ。貴族院は衆議院をけん制する目的で作られたんだよ。

板垣退助たちが頑張ったんでしょうけど、でも板垣は土佐の出身だから、もともと明治政府の偉い人だったんじゃないですか。

明治政府は薩長土肥（さっちょうどひ）が占める藩閥政治とは言われているけど、薩長が要職を独占していたんだ。土佐藩の板垣たちは権力闘争に敗れて、政府を飛び出した。これを「下野する」と言うんだ。

それで議会をつくる運動を始めたわけですか。けっこう生々しいですね。

世界を見渡しても民主政治の国ばかりだから、明治政府も議会をつくる要望を無視できなかったんだね。それで1890年に第1回衆議院議員総選挙が実施され、帝国議会が招集されたんだ。付け加えると、帝国議会は東アジアで初めての議会だったんだ。

GHQが来たときも一院制にしなかったのは、帝国議会の流れですか。

実はマッカーサーは一院制を導入しようと思っていたようなんだ。GHQの憲法草案には衆議院のみの一院制だったんだ。それに対して貴族院が反対して、二院制が維持されたんだ。その際、貴族院はその特権を奪われ、参議院と名前を変えている。

割とギリギリで日本の二院制は保たれたんですね。それにしても、マッカーサーっていろいろと日本を変えようとしていたんですね。驚きました。

衆議院と参議院　その違い

二院制がどうして日本に導入されたかはわかったと思うから、じゃあその中身について考えていこうか。衆議院と参議院の違いというのは、憲法で定められたものなので、そのまま伝えるしかないというのはあるけどね。

データの違いってことですね。ちなみに国会議事堂のどっちが衆議院でどっちが参議院な

んですか。

そういう形から考えてみようか。正面に向かって左側が衆議院、右側が参議院となっている。ニュースでよく見る国会議事堂は、1936年に建設されたんだ。国の威厳を示す施設のひとつだから、いろいろな思いが込められているんだ。
例えば、国会議事堂のすべてのものは国産のもので調達しようとしたんだ。

しようとしたということは、できなかったと。

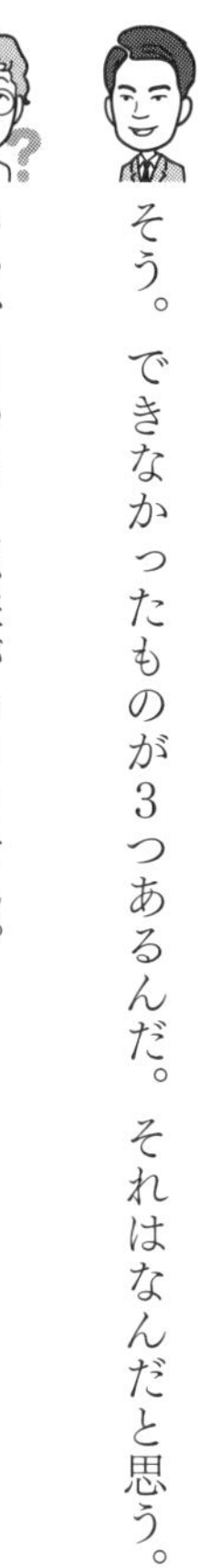

そう。できなかったものが3つあるんだ。それはなんだと思う。

いや、まったく想像がつきません。

扉のドアノブ、郵便の投函箱、そして中央広間のステンドグラスの3つは、海外のものを使っている。国会が閉会しているときは、国会を見学できるのを知ってるかな。行ったら、

衆議院と参議院

※定数、任期、解散、選挙権、被選挙権の5つを押さえよう！

衆議院		参議院
465人	**定数**	242人
あり4年	**任期**	なし6年
任期途中でも議員でなくなる	**解散**	3年ごとに半分が交代
18歳以上	**選挙権**	18歳以上
25歳以上	**被選挙権**	30歳以上

こういうことを教えてくれるよ。無料だし、絶対に面白いよ。赤じゅうたんを歩けるしね。

面白そうですね。

じゃあ、衆議院と参議院の違いに戻ろうか。議員の違いってざっくり言って4つある。①定数②任期③解散の有無④被選挙権。違いを図にしたから見てほしい。

定数は、衆議院が465名、参議院が242名となっています。合わせて707名って多いのか少ないのかわかりません。

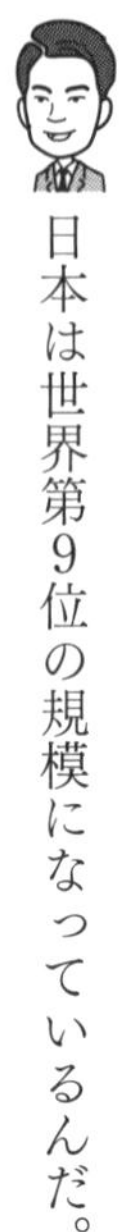

日本は世界第9位の規模になっているんだ。

日本よりも国会議員が多いのは、イギリスが１４４２名、イタリアが９５０名。これでも多いけど、ダントツは中国の２９７５名となっている。中国はちょっと外すとしても、イギリスの１４４２名は多すぎだよね。

イギリスは日本よりも人口が少ないのに。７００名ってどれぐらいの規模感だろう。

夏山くんが通っていた学校は大きかったかな。

そうでもないですけど、それなりにいました。そうだ。各学年6クラスぐらいだったから全校生徒が６５０人ぐらいだったから、それぐらいですね。そう思うとちょっと多いな。

任期は衆議院が4年、参議院が6年ってなっているけど、衆議院は解散がある。

解散ってなんですか。

政治的な理由などで、衆議院議員が全員クビになって選挙をするってこと。衆議院は解散があるので4年の任期を全うできないケースがあるというか、ほとんどが任期を全うせずに解散されるんだ。参議院は解散がないので必ず6年の任期を全うします。参議院は3年ごとに半数が改選されます。

参議員は第1回目の選挙のときに定員いっぱい選んだんでしょ。じゃあ2回目で半数改選だけど、どうやったんですか。

いいところに気がついたね。当選者を当選順位をつけて、上位当選者は任期を6年として、下位当選者は任期を3年としたんだ。今思えば、最初に半数だけ選挙しとけばよかったと思うけどね。

被選挙権は、衆議院が25歳以上、参議院が30歳以上。この5歳の差は何って思うかもしれないけど、なぜ5歳の差が設けられたかはわからないんだ。でも、アメリカ合衆国の被選挙権は、上院が30歳、下院が25歳となっている。イギリスは被選挙権を21歳から18歳に引き下げました。18歳というのはかなり若いよね。面白いのは、被選挙権を引き下げた後、

衆議院と参議院の違い

※衆議院のほうが参議院より偉い！

衆議院

理由
衆議院の優越がある
衆議院議員しか総理になったことはない
派閥のトップは基本的に衆議院議員
大臣ポストは衆議院議員のほうが多い
参議院議員を辞めて、衆議院議員になる人がいる

18〜24歳の投票率が10ポイント以上アップしているんだ。

日本の選挙の投票率が低いことは問題になっているけど、もしかしたら自分と同じ世代の候補者がたくさんいれば、若い人たちの投票率がアップするかもしれないですね。それはぜひ、国の偉い人に考えてほしいな。

このように衆議院と参議院にはさまざまな違いがある。それをひと言でいうと、**衆議院の方が参議院より格上**ってこと。

ダメですよ。身もふたもありません。

衆議院の優越

※予算の議決、条約の承認、総理の指名、法律案の議決４つ！

予算の議決と条約の承認について

衆議院と参議院の議決が不一致で、両院協議会を開いても意見が一致しないとき
or
衆議院の可決後、参議院が３０日以内に議決しないとき

衆議院の議決が国会の議決に

内閣総理大臣の指名について

衆議院と参議院の議決が不一致で、両院協議会を開いても意見が一致しないとき
or
衆議院の可決後、参議院が１０日以内に議決しないとき

衆議院の議決が国会の議決に

法律案の議決について

衆議院の可決後、参議院が否決
or
衆議院の可決後、参議院が６０日以内に議決しないとき

衆議院が出席議員の３分の２以上で再可決すれば、衆議院の議決が国会の議決に

その理由を説明しよう。
まず大きいのは「衆議院の優越」があること。衆議院の議決が参議院の議決よりも優越になるのは次の４つの場合なんだ。

①予算の議決
②条約の承認
③総理大臣の指名
④法律案の議決について

これは憲法に定められているけど、それ以外にも衆議院が「格上」と思われている理由はいくつもあるよ。

確か、総理大臣って戦後（55年体制以降。55年体制については後述）は、衆議院議員しかなってないですよね。

そうなんだ。でも、間違えちゃいけないのは、衆議院議員であることは条件ではなく、国会議員であることと記されているだけ。それでも、参議院議員の総理大臣は、いまだかつて出ていませんし、任命された大臣の数も衆議院が多いんだ。また、わざわざ参議院を辞めて衆議院選挙に立候補する人がいるけど、その逆はない。

じゃあ、参議院って「二流議員」って感じなんですか。

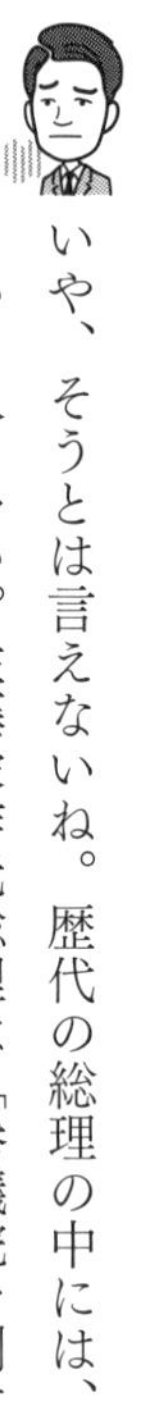

いや、そうとは言えないね。歴代の総理の中には、参議院をぞんざいに扱わず、大切にしている人も多い。佐藤栄作元総理は「参議院を制する者は日本を制す」と言ったし、竹下登元総理は「参議院を笑うものは参議院に泣く」という言葉を残している。やはり二院制を取り入れているのが日本の政治なので、私たちは二院制についてはメリットもデメリットも知っておくべきだと思うよ。

現状を考えるとそうですよね。

まずメリットから考えようか。衆議院と参議院でそれぞれに審議するので、丁寧に議論することができるよね。そして、被選挙権に違いがあったり、選挙制度も衆議院が〝小選挙区比例代表並立制〟、参議院が〝比例代表中選挙区並立制〟だから、さまざまな民意を反映させられる。他方の院が暴走しても抑えることができるところがメリットです。ただ、それはデメリットと表裏一体で、丁寧な審議ができるけど、時間がかかるし、さまざまな民意を反映できるけど、議員数が増え、人件費がかかります。それに、他の院と意見が違ったときは、国政が停滞することになってしまう。

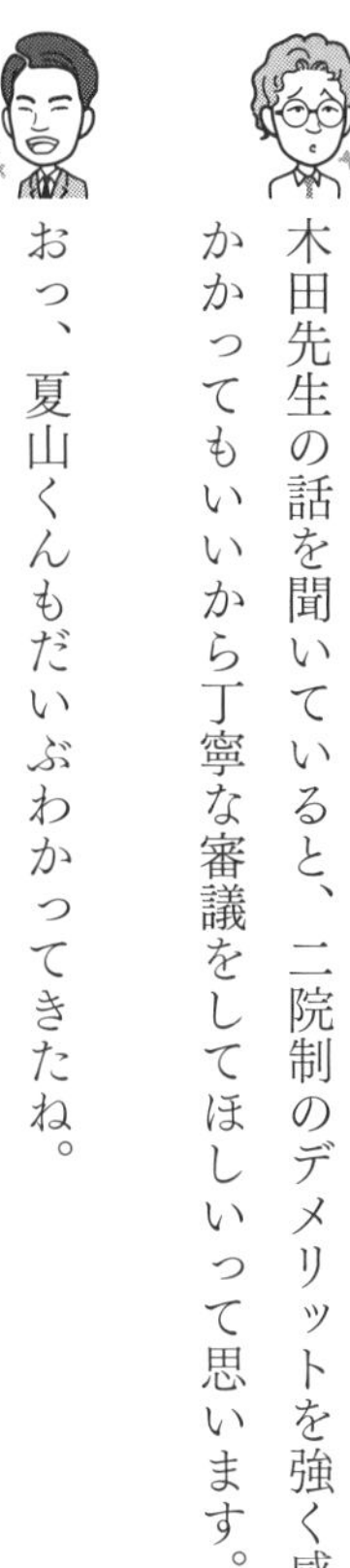

木田先生の話を聞いていると、二院制のデメリットを強く感じるんですけど、多少時間がかかってもいいから丁寧な審議をしてほしいって思います。

おっ、夏山くんもだいぶわかってきたね。

通常国会と臨時国会

国会の種類

※通常国会、臨時国会、特別国会の三種類がある

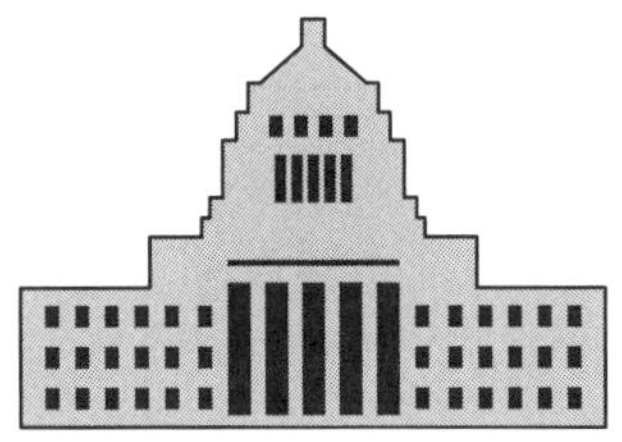

通常国会

・毎年、１月に開かれる
・会期は150日間
・延長は１回可能

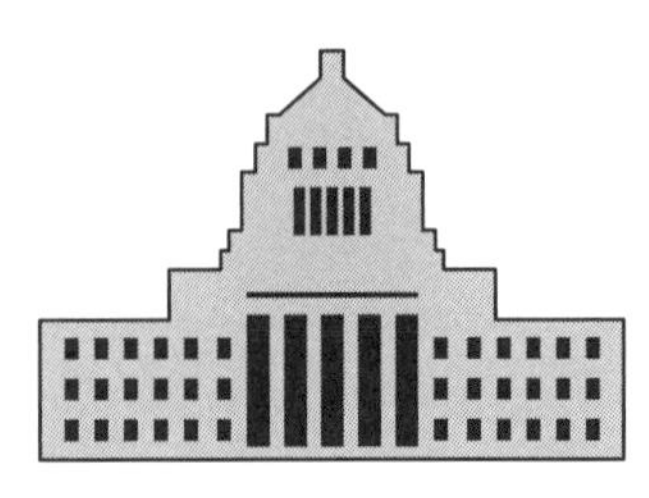

臨時国会

・会期日数が足りないから開かれる
・基本的に毎年開かれる
・延長は２回まで可能

特別国会

・衆議院の総選挙後に開かれる
・新しい総理を指名するのが目的

国会はいつも開いているわけじゃないんだ。ニュースでは政治家の動向が取り上げられるけどね。国会の種類には3つあって、通常国会、臨時国会、特別国会となっています。

それぞれ違うんですか。

そうなんだよ。国会というのは法律で毎年1月に開かれることが決まっている。通常国会の会期は150日。これも法律で定められているんだ。

150日っていうのは長くないですか。

そう思うだろうけど、やることはたくさんあるんだ。だから、国会が延長することもよくあるんだよ。延長は1回可能なんだ。

じゃあ、国会では何を審議するんですか。

うん。通常国会の最大の目的は、新年度の予算案とその関連法案を通すことです。新しい年度は4月から始まるから、だいたい3月までは予算について国会での議論を決着するために費やされるんだ。残った期間は、予算とは別の法律案を審議するんだ。まず大切なのは、新しい年度の予算を承認することってことになるね。

会期が１５０日なら、半年ぐらいでその年の国会が終わりってことはないですよね。秋にも国会が開いているように思うんですけど。

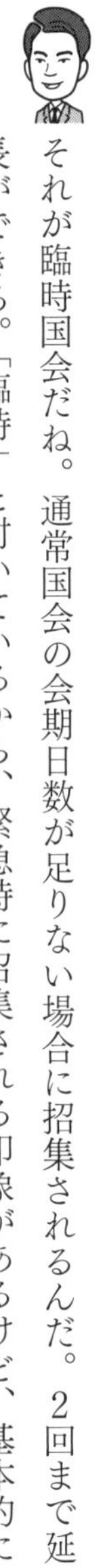

それが臨時国会だね。通常国会の会期日数が足りない場合に招集されるんだ。2回まで延長ができる。「臨時」と付いているから、緊急時に召集される印象があるけど、基本的に毎年開かれているんだ。内閣、もしくは衆参どちらかの総議員の4分の1以上の要求で招集されます。

もし、１５０日で国会が終わったら、次の国会は翌年1月になります。さすがに半年も国会を放置するほど議員はヒマじゃないですよね。

その通り。政府であれば審議するべき法案があるし、野党であれば政府を追及しきれなかった事項があるはず。臨時国会ではそういうことが組上(そじょう)に上げられます。通常国会で決まった予算にしても、数カ月を経て、補正する必要もあるから、補正予算も審議されるんだ。補正と言っても、毎年つくられている。

とすると1年のうちに7、8カ月は国会に関わるということですね。国会議員って地元での選挙活動や勉強もあるから、けっこう忙しそうですね。

そうなんだよ。真面目にやっている国会議員ほど忙しいはずだよ。

特別国会と参議院の緊急集会

通常国会と臨時国会については説明したけど、特別国会がまだです。

特別国会というのは、その名前の通り特殊です。いつも開かれるわけではなく、衆議院の解散による総選挙の後、30日以内に開かれる国会なんだ。

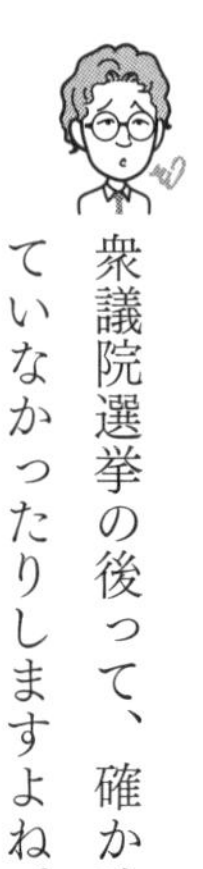

衆議院選挙の後って、確か政治が大騒ぎになりますよね。総理大臣は変わったり、変わっていなかったりしますよね。

衆議院が解散されると、衆議院議員はいったん全員がクビ。もしかしたら、総理大臣や大臣が選挙で落ちるかもしれない。だから、衆議院選挙が行われた後、仕切り直しということで、内閣は総辞職し、この特別国会で新しい総理大臣を指名するんだ。そして新しく内閣をつくり直すんだよ。

ちょっと質問があるんですけど、衆議院が解散されて選挙になったら、選挙が終わるまで衆議院はカラッぽですよね。そのときに、緊急事態が起きた時はどうするんですか。

それはいい質問だよ。すぐに決めなければいけないときに、「衆議院に人がいないから何も決められない」では困ってしまうよね。そうした事態に備え、本来は衆議院と参議院の2つ合わせて国会だけど、参議院だけで国会を開く（緊急集会）ことができるんだ。

そんなことができるんですね。でも、衆議院と参議院では衆議院が優位にあるんですよね。

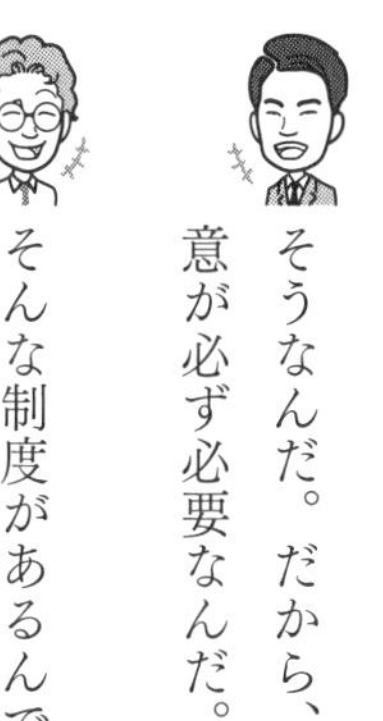

そうなんだ。だから、参議院の緊急集会で決めた内容については、次の国会で衆議院の同意が必ず必要なんだ。

そんな制度があるんですね。全然知らなかった。

この参議院の緊急集会はかなり特殊なケースなんだ。１９５２年と１９５３年の２回だけ。だから、もしそういう事態に夏山くんが立ち会うことになったら、それはかなり歴史的な事件だと思う。

国会議員の特権　歳費特権

国会議員は、私たちの代弁者です。しっかりと活躍してもらうのに、一定の権利、いや特権を認めているんだ。

国会議員の特権

※歳費特権、不逮捕特権、免責特権がある

歳費特権	国家公務員の最高額以上の給料を保障
不逮捕特権	国会会期中は国会議員を逮捕できない
免責特権	国会内の活動について、 国会の外で責任を問われることはない

へー。ちょっとうらやましいですね。どんなのがあるんですか。

これは憲法に明記されているんだけれど、３つあって、歳費特権、不逮捕特権、免責特権の３つ。まず歳費特権について考えてみようか。

国会議員の給料ってことですね。気になります。

国会議員の給与は歳費と呼ばれ、月に約１３０万円。それに加え「期末手当」（約６３５万円）を加えると、年収は約２０００万円以上になります。そのほか、文書通信交通滞在

費が月に100万円などありますが、現在は新型コロナウィルス感染拡大を受けて、議員歳費は2割減となっています。

給与も多いけど、それ以外にもいろいろ認められているんですね。

文書通信交通滞在費は月100万円で、これは使途を公開する必要がなく、「第二の給与」と呼ばれています。それに、月65万円の立法事務費というものもあり合わせると年に4000万円を超えます。首長の年収は約1500〜2000万円ほど。地方議会議員の年収は数百万円〜1500万円近くだから、国会議員の歳費はずば抜けていると言えるね。

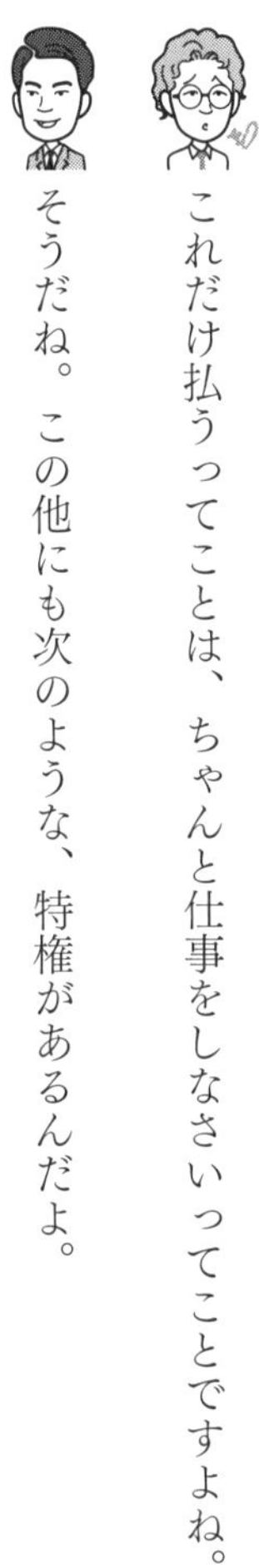

これだけ払うってことは、ちゃんと仕事をしなさいってことですよね。

そうだね。この他にも次のような、特権があるんだよ。

- JR全線無料パス（新幹線・特急・グリーン車等の料金も含む）。

●航空機は地元の選挙区へ月3往復分無料
●議員宿舎（都内の一等地にある）が周辺相場より割安の家賃で住むことができる。
●競馬場（ＪＲＡ）の入場料が無料。

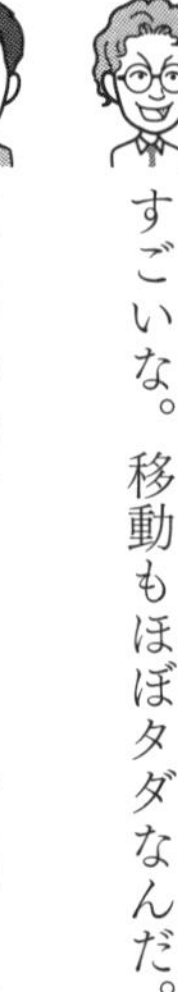

すごいな。移動もほぼタダなんだ。

交通費が無料になるのは、地方出身の議員と東京近郊出身の議員とで、格差が生まれないようにするためだけどね。それにしても、やっぱり優遇されているのだから、それだけ国民のために仕事をしなければいけないと思うよ。

ちなみになんですけど、総理大臣の給与っていくらなんですか。

知りたくなるよね。年間の給与額ということでいうと、内閣総理大臣が約４０００万円、国務大臣が約２９５０万円となっている。海外に目を向けると、アメリカの大統領が約４２４０万円となっている。ドイツの首相で約３５００万円、イギリスの首相で約２０００

万円だよ（いずれも２０２０年9月現在調べ）。

割とみんな質素なんですね。ビジネス界では、アメリカのあの電気自動車のテスラ社ＣＥＯのイーロン・マスクが役員報酬を２５００億円もらったってニュースになったけど、そこまではいかなくても、たくさんもらっているビジネスパーソンはいますよね。

２０１９年の発表では、上場企業の役員の５００人以上が役員報酬を１億円以上もらっているんだ。上位10位までは10億円以上だよ。

それでも議員になるって人がいるのは、お金だけじゃないってことですね。

それぞれの理想を実現したい強い思いがあるって信じたいね。

国会議員の特権　不逮捕特権

じゃあ次の特権に行こう。不逮捕特権。

それって、犯罪をやり放題ってことじゃ……。

そういうことはまったくないね。あくまでも、行政の不当な介入を防ぐ目的があるんだよ。国民の代弁者である国会議員に自由な政治活動を保障するためなんだ。

国会議員に限らず、海外には自由に発言すると身に危険が及ぶケースがありますよね。

こういう例を考えてみようか。
政府がある法案を国会に提出したとする。政府は、この法案を今国会中にどうしても成立させたいと思っている。でも、与党議員が過半数を占めている衆議院でも、与党側から反対者が出て、この法案の賛成者は過半数を割ったとしよう。

割とリアルですね。

法案の賛成者が過半数を割ったので、総理はこう考えた。「このままではこの法案がオジャンになってしまう」。悩んだ末、総理はあることを思いつく。「自分は総理で行政のトップだだから、行政の監督下にある警察と検察がいる。反対議員の何人かに犯罪容疑をかけて逮捕してやろう」と。そうして、無実の反対議員を逮捕します。結果、賛成が過半数を上回り、この法案は無事成立しました、めでたしめでたし……。

総理はめでたしかもしれないけど、捕まったほうは悪夢ですね。

だよね。そういうことがないように、国会議員には不逮捕特権があるんだよ。ただし、絶対逮捕されないわけじゃないんだよ。現行犯や所属する議院（衆議院議員なら衆議院、参議院議員なら参議院）の許可があれば逮捕されます。

そんなことが実際にあったんですか。

これは、言論の不当な抑圧をさせないという趣旨からは外れるけれど、こういうことがあったんだ。

2005年3月に国会開会中にある自民党議員（当時40歳）は六本木で酔った勢いもあり、若い女性に抱きついた。そのときに胸を触ったということで現行犯逮捕となったんだ。不逮捕特権は現行犯では適用されないので、議員はそのままお縄になったわけ。この議員は調べに対し「信じられないことをしてしまった。反省している」と記者会見したんだ。

「反省で済んだら警察はいらんのじゃ」と叫びたくなるのは私だけでしょうか。

もっともだね。ちなみに彼は、この件で議員辞職しています。国会議員の現行犯逮捕はこのときで戦後2度目。約40年ぶりのことだったんだ。

国会議員の特権　免責特権

もうひとつの免責特権は不逮捕特権とセットで考えられるかな。不逮捕特権は、自由な活動を妨げないことを考えてのことだけど、免責特権は、国会議員に自由で円滑な議論を行ってもらうためのものなんだ。基本的に国会内であれば、どんな発言をしても責任を負うことはないとしている……。

何を言ってもいいってことですか？

と言っても、他人を侮辱すれば、刑法に基づいて名誉棄損罪で訴えられ、損害倍書を請求される可能性はある。ただ、もし、国会議員が普通の人と同じく、「こんなことを言ったら名誉棄損で訴えされるかもしれない」と委縮してしまっては、しっかりとした法案審議は難しいよね。

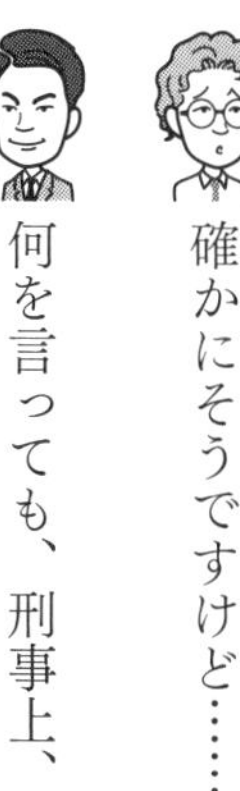

確かにそうですけど……

何を言っても、刑事上、民事上の責任を問われることはないと安心できるからこそ、激しい言葉のやりとりが与野党間で行えるんだ。

でも、国会でずいぶんとひどい罵りあいもありますよね。

国会の外で刑事裁判や民事裁判にかけられる恐れがないのであって、国会の内では戒告や

除名などの処分を行えるんだ。国会議員に対する懲罰は4種類あって重い順に「戒告」「陳謝」「30日未満の登院停止」「除名」となっている。

懲罰された国会議員って実際にいるんですか。

最近では、参議院でアントニオ猪木氏が30日間の登院停止になっているね。理由は許可なく朝鮮民主主義人民共和国に渡航・訪問したから。

どういう流れで懲罰されるんでしょう。

けっこう複雑でね、「懲罰してほしい」という要望が、その議員の所属する議院に出されて、懲罰動議が提出されるんだ。誰でもその懲罰動議を出せるわけじゃなくて、衆議院は40人以上、参議院は20人以上の賛成がないと、動議を提出できないんだ。

けっこう複雑なんですね。

議員を罰するということは、やっぱり慎重になっているんだね。それで、動議が提出されたら、懲罰委員会で審査し、本会議で議決されるんだ。

内閣不信任決議

少し前に衆議院の解散について触れたけど、それって内閣の総辞職とつながっているんだ。

そういえば衆議院が解散した後の特別国会が召集されたときには、内閣は総辞職するんですよね。

詳しくは後の章で説明するけれど、日本は議院内閣制を採用しています。

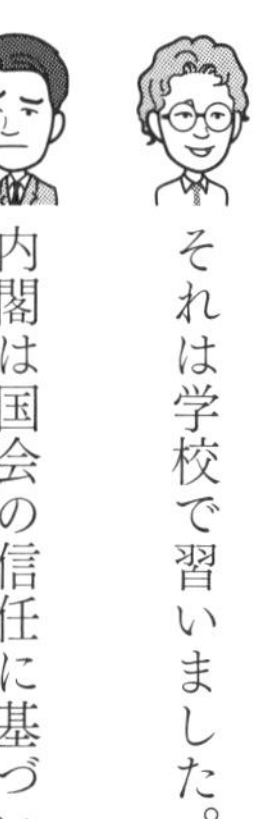

それは学校で習いました。

内閣は国会の信任に基づいて成立しているんだ。言い換えれば、内閣は国会の過半数から

内閣不信任決議とは

※衆議院のみに認められる伝家の宝刀！

●内閣不信任決議案が可決
➡10日以内に衆議院を解散させる
or
➡内閣が総辞職する

●内閣不信任決議が成立したのは４回（戦後）のみ

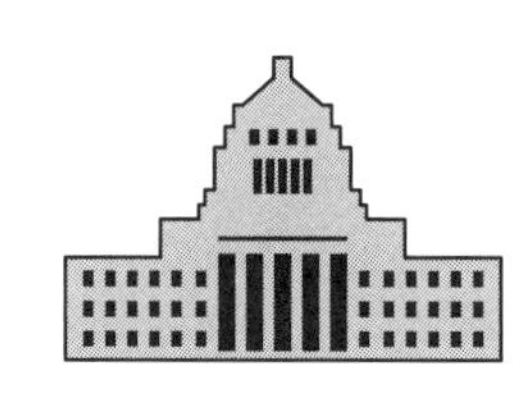

辞めろと言われたら、つまり国会の信任を失ったら、内閣を維持することができないんだ。

それが内閣不信任決議案ってことですか。

そう。内閣は不信任案が可決された場合、10日以内に衆議院を解散させるか、内閣が総辞職するかの選択を迫られるんだ。そこで、辞めろと迫られた内閣は対抗措置をすることがある。

それが衆議院の解散ですか。

その通り。

でも、衆議院の過半数って与党が占めているんでしょ。じゃあ、内閣不信任議案が可決されることって少ないんじゃないですか。

よくわかってきたね。日本という国は、議院内閣制のもとで、政府と国会の過半数を占める勢力である与党が同じグループなんだ。だから、不信任案が提出されるには、野党と与党の一部が手を組む必要があるんだ。

実際に内閣不信任案が可決されたことってあるんですか。

不信任案可決は戦後で4回しかないんだ。いずれの場合も、内閣は対抗措置として衆議院を解散させています。一方、不信任案が可決されたことによる内閣の総辞職はありません。唯一、1994年、不信任案が可決されることが確実なため、羽田内閣が自発的に総辞職したケースがあるよ。

衆議院解散のパターン

衆議院の解散パターン

※任期満了、7条解散、69条解散の3つがある！

●4年の任期を満了した後の選挙
➡1976年に1回あったのみ

●内閣不信任決議に伴う解散（憲法69条）
➡戦後、4回しか例がない

●内閣が衆議院を解散させる（憲法7条）
➡よく使われるパターン（戦後、25回の解散のうち20回）

内閣不信任案が可決されたときの首相の対抗措置として衆議院の解散は説明したけど、ここでは衆議院の解散のパターンを考えてみようか。

複雑ですよね。いつするかも読めないし。

そのパターンは3つ。

① 4年の任期満了
② 憲法第7条による解散
③ 憲法第69条による解散

この3つなんだ。

けっこうシンプルなんですね。

それぞれを説明していこうか。①の任期満了というのは、一番多いと思うかもしれないけど、戦後、衆議院の解散があった24回のうち1回しかないんだ。

他は憲法第7条と憲法69条で解散したってことですね。

そう。じゃあ、その第7条と第69条を調べてみようか。

第7条というのは、天皇の国事行為について書かれている。

●●●●

天皇は、内閣の助言と承認により、国民のために、左の国事に関する行為を行ふ。

三　衆議院を解散すること。

第7条の条文には「内閣の助言と承認」に基づく天皇の国事行為がずらーっと並んでいます。

その3つ目に「衆議院を解散すること」とあります。すなわち、「天皇が内閣の助言と承認により、衆議院を解散する」ということは、「衆議院の解散権は内閣側に権限がある」ということ。要は、時の内閣が自由にいつ解散するか決定できるのです。

天皇は、ただ内閣からの要望を受けて、解散をするだけということですね。

そう解釈するのが一般的だと思うけど、第7条に基づく解散を「7条解散」と言い、解散権の乱用だと主張する学者もいるんだ。

確かにいつでもやってよいとは書いていないけど、書いていないならいつでもやっていいように思うし……。

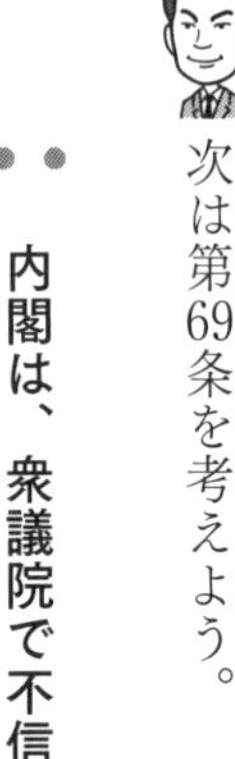

次は第69条を考えよう。

内閣は、衆議院で不信任の決議案を可決し、又は信任の決議案を否決したときは、十

日以内に衆議院が解散されない限り、総辞職をしなければならない。

これは明確だね。第69条を読めば、内閣不信任の場合に限り、内閣は衆議院を解散できるとあります。では、不信任案が衆議院で可決されたケースは戦後何回ぐらいあると思う。

わかりません。10回ぐらいですか。

実は4回しかないんだ。つまり、衆議院が解散された根拠のほとんどは憲法第7条によるものだといえるね。

本会議と委員会の違い

解散は置いておいて、具体的に国会はどんなことをしているのかを紹介していこうか。まず数の規模を考えてみよう。ニュースなどで取り上げられる半円のすり鉢状の議場で行われるのは、本会議です。衆議院は465人の議員全員が参加し、参議院の本会議も242

人の全議員が参加します。

でも、そんなに数が多ければ意見をまとめるのが大変ですよね。

そうなんだ。時間もかかるので、本会議では本格的な議論は行われず、形式的なものにとどめる形になるんだよ。じゃあ、法律などの案件はどこで具体的な話し合いが行われるかというと、委員会になるんだ。委員会は、法案の内容ごとに少人数で専門的に話し合うんだ。

政治って、なんでも細かくしていくんですね。全員で決めるのは、大枠だけ。あとは詳しい人でやってくれって感じがします。

そうだね。国会のところでも触れたけど、本会議で法律を採決する段階では、すでに議論は終わっているのです。こういう進め方を委員会中心主義というんだよ。例えば、消費税を上げる場合、「何パーセント上げるのか、上げたら経済がどれぐらい悪化するかのか」

と個別の論点は委員会で話し合います。

学校の委員会も同じですよね。風紀委員、保健委員がそれぞれのテーマを持ち寄って議論するってことですね。

そうそう。全生徒が集まる全校集会でイチイチ「生徒の身だしなみの問題」「図書館にマンガを置くべきか否か」「給食当番の回し方」などを議論していると収拾がつかないでしょ。そういう細かいことは、それぞれ「風紀委員会」「図書委員会」「給食委員会」で各学年の代表者が話し合う。それと同じことだね。

そう考えるとわかりやすいですね。

委員会には、常任委員会と特別委員会の2つがあります。それぞれの委員会は、10～50人ぐらいが集まって議論します。

常任委員会

※国会議員は必ず委員会に所属しなければならない！

常任委員会一覧	
衆議院	参議院
内閣委員会　40	内閣委員会　20
政務委員会　40	総務委員会　25
法務委員会　35	法務委員会　20
外務委員会　30	外交防衛委員会　21
財務金融委員会　40	財務金融委員会　25
文部科学委員会　40	文教科学委員会　20
厚生労働委員会　40	厚生労働委員会　25
農林水産委員会　40	農林水産委員会　20
経済産業委員会　40	経済産業委員会　21
国土交通委員会　45	国土交通委員会　25
環境委員会　30	環境委員会　20
国家基本政策委員会　30	国家基本政策委員会　20
予算委員会　50	予算委員会　45
決算行政監視委員会　40	決算委員会　30
安全保障委員会　30	行政監視委員会　30
議員運営委員会　25	議員運営委員会　25
懲罰委員会　20	懲罰委員会　10

常任委員会と特別委員会

その常任委員会と特別委員会って違いはあるんですか。

実はちゃんと違いがあるんだよ。常任委員会は法律であらかじめ設置されている。衆議院・参議院の各々に17の常任委員会が設置されているんだ。すべての議員が必ずいずれかの委員会に所属しなければいけない決まりなんだ。

なるほど議員は法律を作るのが仕事のひとつだから、それぞれの委員会に所属して、その委員会で法案を練るということですね。

まあそうだね。じゃあ特別委員会はというと、その名の通り特別で、会期ごとに国会の議決により設置されるんだ。常任委員会と違って、常に置かれているわけじゃない。常任委員会で審議しきれない法案などを扱うんだよ。そして、必ず所属する必要はありません。

さっき木田先生は議員は常任委員会に必ず所属しなければいけないと言ったけど、ちょっとイメージがわきにくいんですけど……。

例えば、社会保障に関する法案だったら厚生労働委員会員会、道路・港湾などインフラ整備に関する法案だったら国土交通委員会といった感じだね。どこを選ぶかはとても大事なんだ。自分の得意分野、もしくは将来得意にしたい分野を検討するんだ。

学校でいえば、読書好きな人が図書委員会に所属するのと同じかな。

委員会の花形と言えば、やっぱり予算委員会だね。ＮＨＫの国会中継でも、画面の左上に「衆議院予算委／国会中継」という文言を見つけることも多いはずだよ。予算委員会は、「予算」とあるように、本来は予算について議論する場だけど、実際にテレビの国会中継を見ると、スキャンダル・失言暴言・政治資金問題などなんでも扱っているよね。

予算のことを議論している印象はまったくないですね。いつも野党の議員が質問して、総理とか大臣がのらりくらりとはぐらかしている印象があります。

追及する方にも一応の理屈があるんだよ。国の政策を行うには必ず予算が必要になる。それはつまり、予算と関係のない事柄は、この世の中にほとんど存在しないということになるから、予算員会で予算に関係ないことも追及するんだということ。

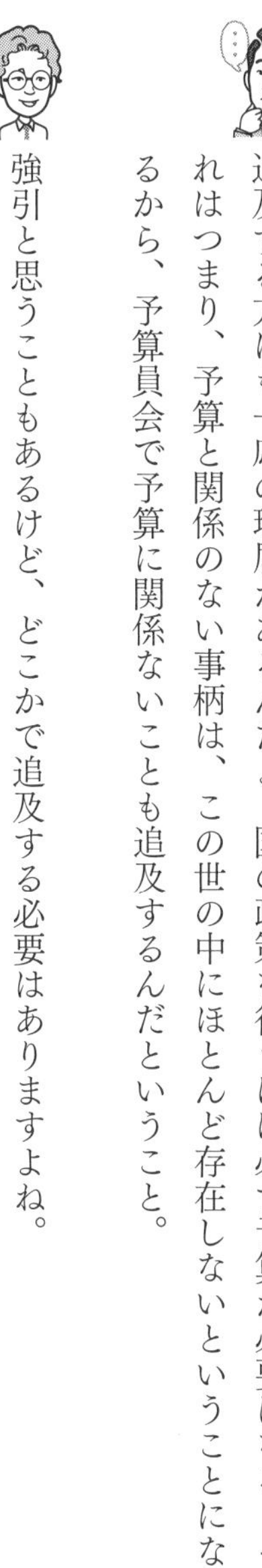

強引と思うこともあるけど、どこかで追及する必要はありますよね。

正直、予算委員会では、なんでも取り上げられます。しかも、野党の議員も、注目度の高い委員会なので、時の政権にとって都合の悪いことであれば、なんでもぶつけるという状態が続いているんだ。

国会の権限

ここで国会の役割についてまとめておこうか。

そうですね。いろいろとたくさんあって混乱してきました。

国会の権限には以下のものがあります。

- 法律議決権：立法府なので、法律を作ります
- 行政監督権：予算議決権、条約承認権、内閣総理大臣の指名権の三つがあります
- 司法監督権：弾劾裁判を設置できます
- 憲法改正の発議権：憲法改正を国民に提案できます
- 国政調査権：政治全般［立法・行政・司法（判決除く）］に関する調査を行う

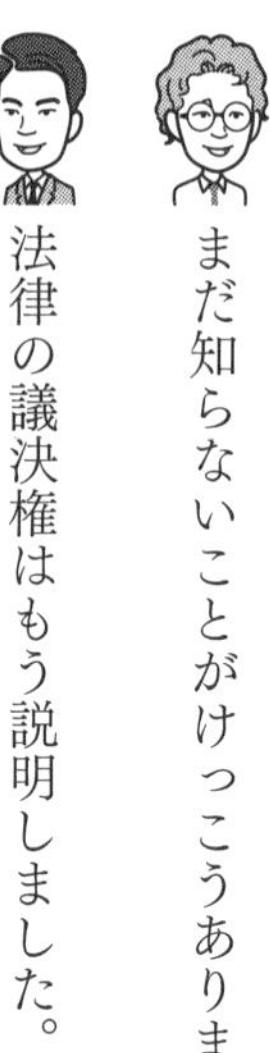

まだ知らないことがけっこうありますね。

法律の議決権はもう説明しました。行政監督権は3つあります。予算は内閣が作成し（実

国会の権限

※法律を作る以外にもいろいろな仕事がある

予算の議決

条約の承認

憲法改正の発議

総理大臣の指名

際に、作成するのは財務省）、国会で議決します。条約を締結するのは内閣、それを承認するのが国会。総理を選ぶのも国会です。

行政を監督するのが行政監督権。そのままですけど。そして司法監督権というのは、これも司法を監督するってことですよね。

ご名答。司法監督権とは、弾劾裁判所を設置し、罪を犯すなど裁判官として相応しくない者をクビにする権利なんだ。「裁判官に関する裁判は普通の裁判所でやればいいじゃん」と思うかもしれないけど、同じ職業の者が裁くとなると、その判断に私情が入る可能性もあるよね。だから、国会議員が裁判官役にな

って判決を出すんだ。

三権分立の行政権と司法権に影響を及ぼすことができるってことですね。そうすると、内閣と裁判所も、国会に影響できるってことになりますよね。三権分立なんだから。

その通り。だけど、それは後にしよう。次は、憲法改正の発議かな。これは、あくまでも国民への提案であって、国会内の手続きだけで改正することはできません。発議後、国民投票を行い、過半数の賛成があって、初めて改正されます。
最後に重要な権利を紹介しようか。それが国政調査権。これは両院が独自に行使できるもので、具体的な方法が証人喚問なんだ。

国会に呼び出されて、いろいろと質問攻めにするやつですね。

そうそう。証人喚問で嘘をつくと偽証罪になるのは、よく知られているけど、かつてロッキード事件で喚問を受けた国際興業社主の小佐野賢治は「記憶にございません」を連発し

ました。以降、政治家は追及を受けると、この言葉で言い逃れをするようになったと思うと罪深い言葉だね。また、証人喚問と似ている参考人招致は呼び出しに強制力はなく、証言拒否や嘘をついても法的責任を問われない。物足りなさは否めないよ。

衆議院の優越

これまで政治について説明したけど、衆議院と参議院は平等だと思うかな。

いや。それは無理でしょ。衆議院のほうがどうみても「偉い」感じはします。あ、歳費が同じことぐらいは、平等を感じますよ。

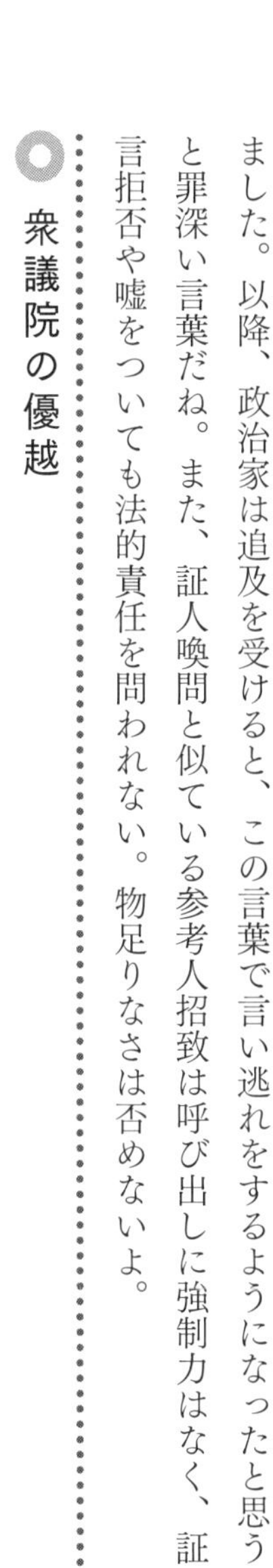
「衆議院の優越」というのは確かにあるけど、衆議院と参議院は基本的に対等なんだ。原則として、両院が一致して国会の議決は成立する。法案は衆議院で賛成、参議院で賛成しないと成立しないんだ。

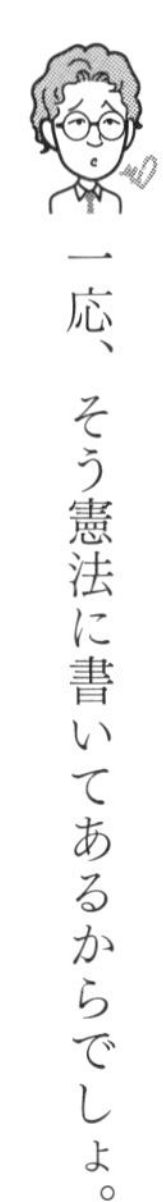
一応、そう憲法に書いてあるからでしょ。

そう、それが大事なんだ。憲法に書いてあるから対等なんだけど、「両院で意見が異なったので、予算が成立しませんでした」「総理大臣の指名が両院で意見が割れてできませんでした」では、国の運営がうまくいかないよね。

まあ、決まらなければ国家の一大事ですね。

だから特定の事項については、衆議院の議決を優先させ、国会の意思決定を明確にする仕組みになっているんだよ。認められている衆議院の優越は、予算の議決、条約の承認、内閣総理大臣の指名、法律案の議決の4つだっていうのはさっき説明した通り。じゃあ、なぜ参議院ではなく、衆議院に優越を認めていると思う。

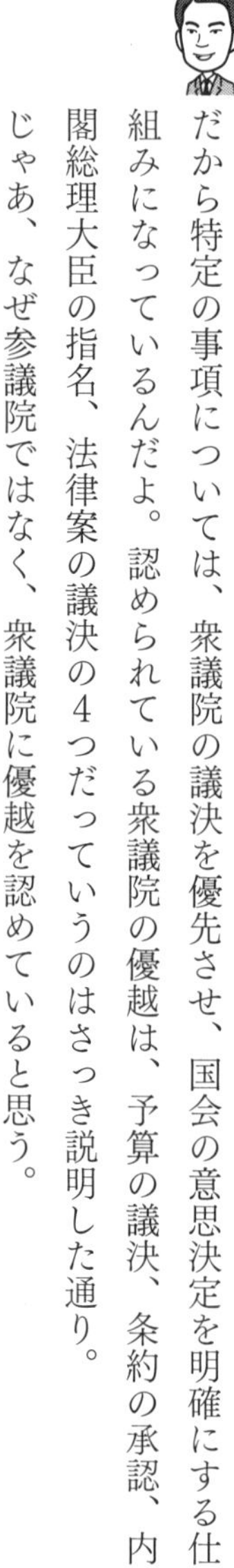

難しいな。参議院と違うところって、任期と解散があるかどうかだけど、この2つに関係ありますか。

大ありだよ。任期が短く、解散もあるので、衆議員は参議院よりも国民の意思を反映させ

ていると考えられているからなんだ。

衆議院のほうに優越を認めている理由がやっと納得できました。

簡単にまとめれば、予算・条約・総理大臣の指名の3つは参議院の議決は何であれ、衆議院の議決が優先されるよね。法律案については、出席議員の3分の2以上の可決があれば、衆議院の議決が優先されるんだ。また、参議院が60日以内に議決しないと否決したとみなされることも重要だよ。それぞれで意見が異なった時、両院協議会という意見調整の場が設けられるけど、形式化しており、ほとんど意味はないね。

第4章 内閣と行政

三権のひとつ行政権

この章では行政権を考えようか。

立法権、国会の説明を聞いて、三権分立といっても、立法権、司法権、行政権のそれぞれがお互いに監視していますよね。それであるひとつの権力が暴走するのを防いでいるんですね。

そうなんだ。
行政というのは、国会が決めた法律を実行することはわかると思う。日本は法治国家だから、国が行うことは法律に基づく必要があるのはわかるよね。だから、政治家が何かをしようと思った場合は次の3つの方法に従うはずなんだ。

①新しく法律を作る

②すでにある法律で対応する
③すでにある法律を改正する

いずれかの方法を取るはずだけど、ただ単に法律が存在しているだけでは意味がないよね。法律に基づいて実行する組織が必要になる。それが行政なんだ。

実行部隊ということですね。

例えば、消費税法という法律を作っただけでは消費税は集まらない。税金を集める税務署という組織が必要になる。また、殺人事件が起きたとする。刑法があるだけでは、犯罪者を捕まえることができない。犯人逮捕を実行する警察という組織が必要になるんだ。

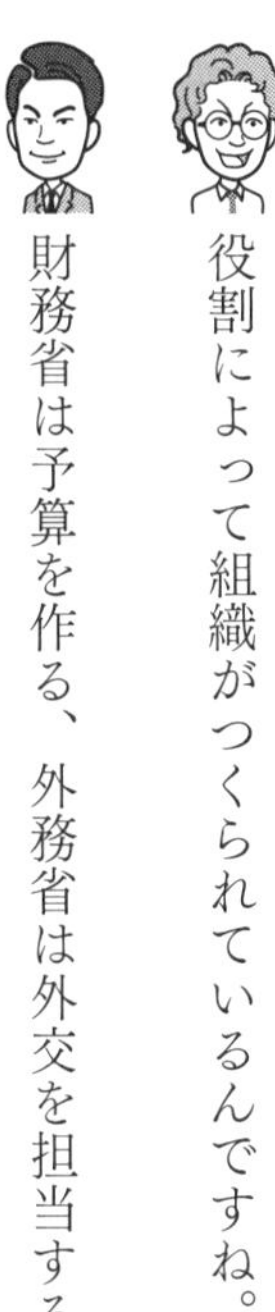

役割によって組織がつくられているんですね。

財務省は予算を作る、外務省は外交を担当する、文部科学省は教育制度を整える……とい

ろいろな組織があり、法律に沿ってそれぞれの責務を果たしていくんだ。

そういう行政の組織で仕事をしている人々が公務員なんですね。

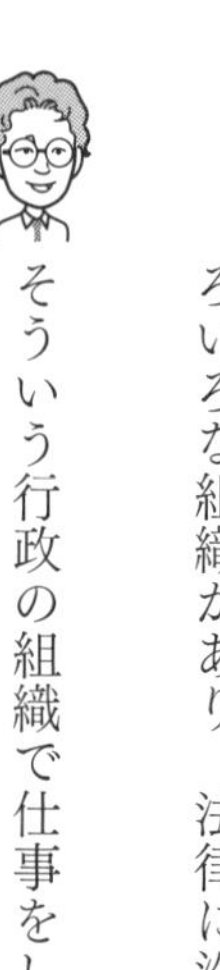

その通りで、それぞれの省で働いているのが公務員で、トップである大臣には、主に議員が就きます。国民によって選挙で選ばれた政治家が、公務員をコントロールし、国の仕事を進めていくのです。

国務大臣

各省のトップである**大臣は、基本的に国会議員が就任**します。

たまに民間人が大臣就任となると話題になりますよね。

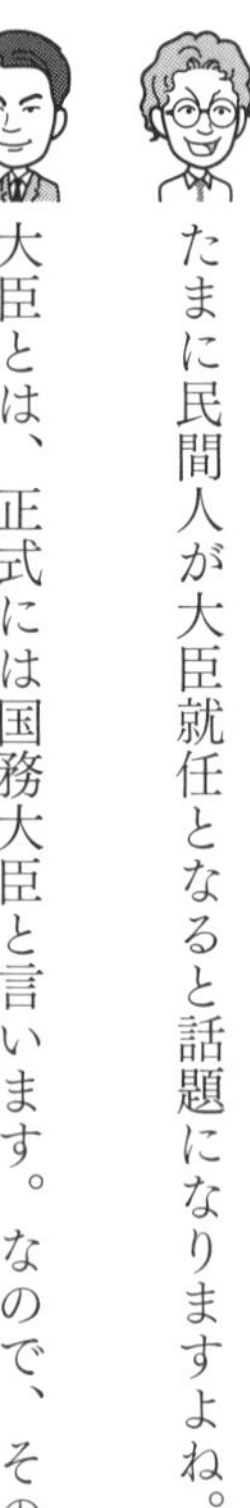

大臣とは、正式には国務大臣と言います。なので、その省のトップである国務大臣は、そ

の省の名称を大臣の前につけます。財務大臣であれば財務省のトップで国家予算の責任者、外務大臣は外務省のトップで外交の責任者です。

よく総理大臣と大臣で階段のところで写真撮っていますよね。けっこうな人数がいますよね。

国務大臣の数も決まっているんだよ。菅内閣では、20名の国務大臣がいました。内閣法では、原則として14名以内で、必要があるなら最大17名まで増員できるとなっているけど、現在は法改正で増員され、20名までとなっているんだ。

２０１２年から「復興担当大臣」、２０１５年から「東京オリンピック・パラリンピック担当大臣」、そして２０２０年からは「国際博覧会担当大臣」が新たに置かれているんだ。

仕方がないとはいえ、ちょっと多いよね。

その国務大臣にも2種類あるんだ。主任大臣と内閣府特命担当大臣なんだけど、違いがわかるかな。

主任大臣は、よく聞く大臣、文部大臣とか財務大臣とかですか。

ご名答。もうひとつの内閣府特命担当大臣は、内閣府で複数の省庁に管轄がまたがる特定の重要政策を担当する大臣のこと。「○○担当大臣」と称されるから区別はつきやすいと思うよ。例えば、「少子化対策担当大臣」「全世代型社会保障改革担当大臣」といった具合に名前が長くなる傾向があるかな。

そういう大臣は「格下」扱いなんですか。

うーん……。法律上はまったくないけど、見えにくいところで大臣の「格付け」はあるよ。序列でいえば、特命担当大臣は主任大臣より後ろに置かれます。また、主任大臣間でも、格があります。

威張っている大臣が偉いってことですか。

それは個人の資質だから関係ないけど、総理大臣を頂点とするヒエラルキーで重要な大臣職は確実にある。

こんな話があるんだ。田中角栄元総理が言ってたんだけど、彼は「総理になる条件」は「大蔵大臣（財務大臣）、外務大臣、通産大臣（経済産業大臣）のうち２つを経験すること」と言っているんだ。少なくともこの３つは重要閣僚で、他の大臣とは格が違うという。

それはわかります。内閣の面子を見ても、ベテランが就任していますよね。

当選回数が１回の人が財務大臣になるなんて、まず考えられないね。なったとしたら、先輩議員が絶対に猛反発するはずだよ。

実はまだＧＨＱの占領下にあった１９４９年、当時総理の職にあった吉田茂が初当選したばかりの池田隼人を大蔵大臣につけた例はあります。政治が揺れていた時代の話だけど、そのときも先輩議員から大きな反発があったんだ。

大臣が行う閣議とは

総理大臣や大臣が椅子に座って談笑しているのをニュースなどで見たことがあるよね。あれってなんだと思う。

あれが閣議じゃないんですか。

実はあそこは閣議を行う部屋の前室、つまり応接室なんだ。大臣が揃うのを待っている場所なんだよ。実際の閣議は隣の部屋で行うんだ。残念ながら閣議は非公開で、カメラも入ることはできないんだよ。

もしカメラやマイクが仕掛けられたら面白いことがわかるでしょうね。

こらこら、興味はあるけどね。閣議では、内閣のメンバー全員が集まって全員の意思を確

閣議とは

※内閣の意思を確認する会議

閣議ではどんなことが決められているのか

- 予算案
- △△法案
- △△政令
- 憲法解釈の変更
- 各府省幹部職員の任免などの人事
- 戦後△△年談話

など、かなり閣議決定の守備範囲は広い……

認する会議を行うんだ。その上で、それぞれに課せられた仕事を進める。毎日行われているわけではなくて、火曜日と金曜日の週2回なんだ。

やっぱりどんなことを話しているのかは気になります。

密室でのことはうかがいしれないけど、閣議のルールならわかっていることがあるよ。内閣のトップは内閣総理大臣であることは間違いないよね。でも、内閣は合議機関なので、内閣総理大臣の一存で自分の考えをごり押しすることは難しいんだ。

えっ、総理大臣が自分の理想を実現するために、どんどんなんでもできるものだと思っていました。

内閣は全体がまとまって活動するというルールがある。全会一致が原則なんだ。例えば、財務大臣は「消費増税に賛成」だけど、国土交通大臣は内心では「消費増税に反対」だったとするね。でも、それが野党やマスコミに知られたら、「閣内不一致」だと大騒ぎになってしまいます。

そうすると、閣議の前には、すでにいろいろな根回しが終わっているわけですか。

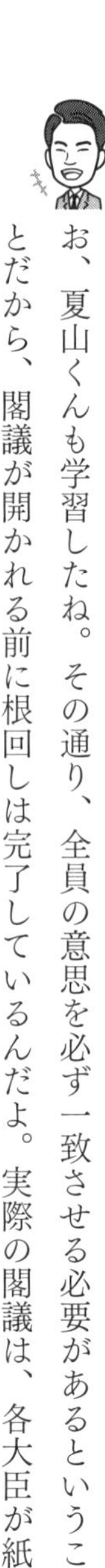

お、夏山くんも学習したね。その通り、全員の意思を必ず一致させる必要があるということだから、閣議が開かれる前に根回しは完了しているんだよ。実際の閣議は、各大臣が紙に黙々と署名するだけのサイン会みたいなものになっていると言われている……。

でも頑なに、「絶対に反対だ」って大臣もいますよね。そういう場合はどうするんですか。

全会一致の原則に従わない大臣が出た場合、総理大臣がとりうる手段は2つある。ひとつは、大臣をクビにすること。もうひとつは、閣議そのものをあきらめるということ。2005年、小泉純一郎元総理大臣は、衆議院解散に反対する大臣を罷免して、解散を閣議決定したんだ。

他にも2009年、鳩山内閣の時、鳩山元総理は沖縄の米軍普天間飛行場の施設を名護市辺野古へ移設する閣議で、署名拒否した当時の福島瑞穂消費者・少子化担当大臣を罷免しているよ。

立法と行政が連携する議院内閣制

これまで何度か出てきた議院内閣制について説明しておこうかな。

日本が採用している議院内閣制とは、国会と内閣の関係を説明したものです。政治は、立法と行政の関係が重要になっているのは、これまでの説明でもわかると思う。**「法律を作り、それを実行する」、これが政治**なんだ。国会と内閣、両者の関係の如何によって、政治も決まるんだよ。

議院内閣制とは

※立法と行政が連携している政治体制！

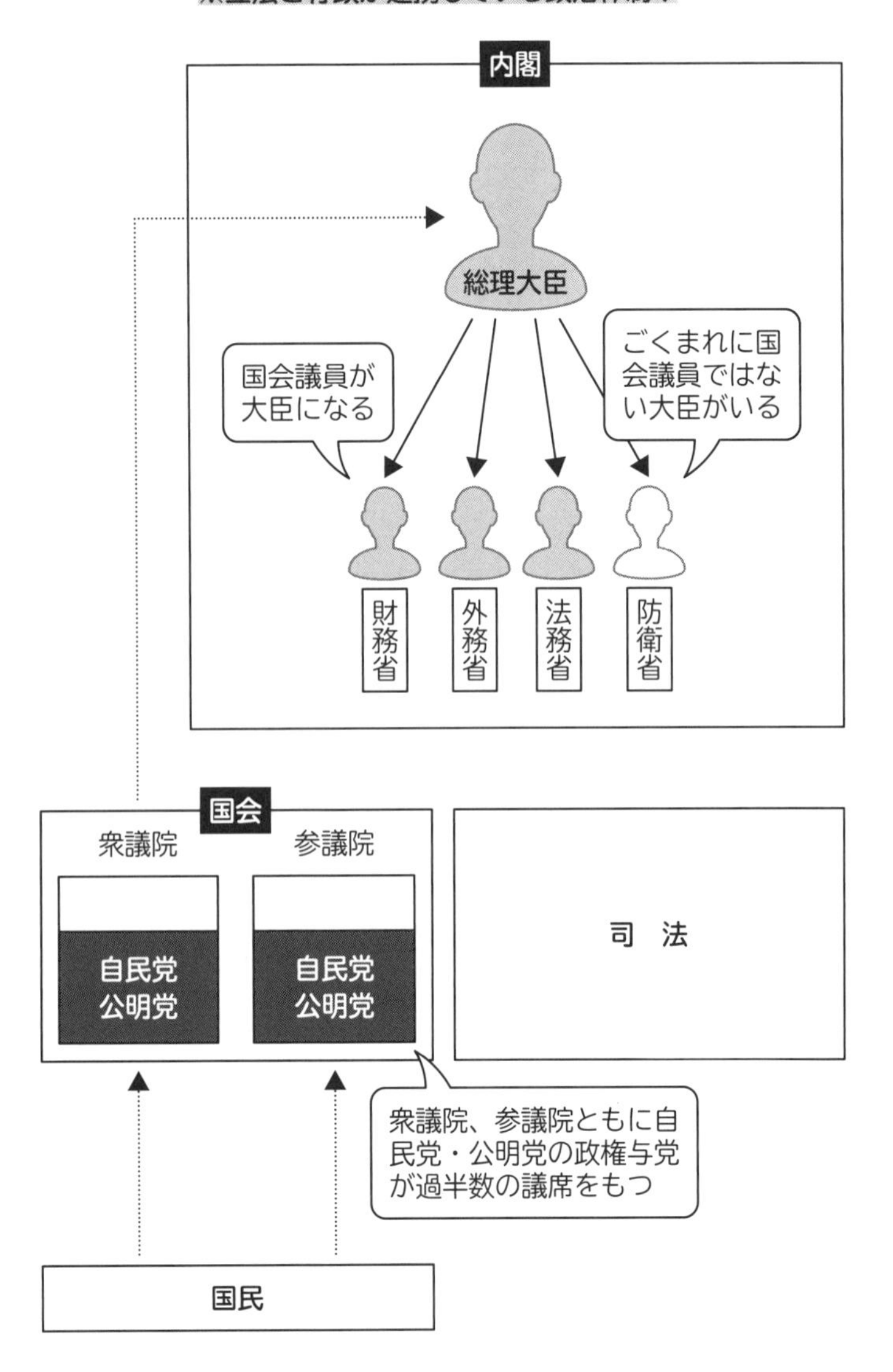

さっきの説明だと、議院内閣制というのは、内閣は国会の信任に基づいて成立し、国会に対して内閣のメンバー全員が連帯して責任を負うということですよね。

より具体的に言えば、国会が総理大臣を選び、総理大臣が各大臣を任命して内閣を組閣する制度と言えるね。

議院内閣制を理解するキーワードは「信任」といえる。信任というと大げさに聞こえるけど、要は国会議員から内閣のメンバーが選ばれるということです。正確に言えば、国会で過半数を占める政党のメンバーと内閣のメンバーは同じ仲間ということです。

それはわかりますけど、それはどういう意味を持つんですか。

憲法第67条には、内閣総理大臣の選出についてこう書かれている。

内閣総理大臣は、国会議員の中から国会の議決で、これを指名する。この指名は、他のすべての案件に先だつて、これを行ふ。

このように総理大臣を指名するのは国会であることがわかるよね。国会は衆議院と参議院があるけど、意見が異なった場合は衆議院の指名を優先するので、衆議院で指名された議員が総理になるんだ。

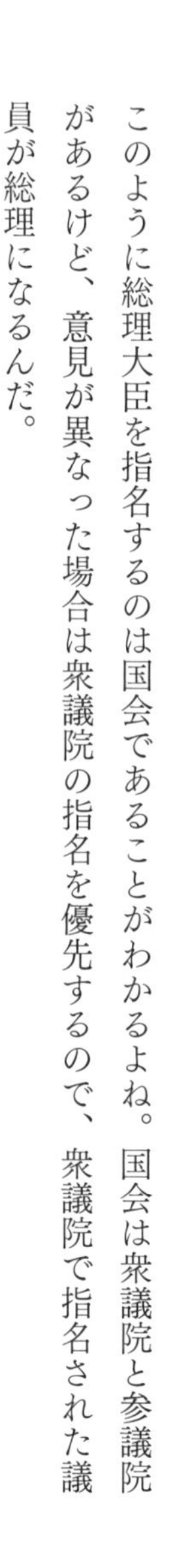

憲法の規定通りということですね。

例えば、衆議院で過半数を占めているのが自民党としようか。すると、自民党のトップが総理に選ばれます。この人は衆議院議員であり、自民党総裁でもあります。彼は、憲法第68条に則って「内閣総理大臣は、国務大臣を任命する。但し、その過半数は、国会議員の中から選ばれなければならない」とあるので、同じ自民党の中から大臣を任命するはずです。

このように、衆議院も自民党が過半数を占め、内閣も自民党のメンバーが占める。つまり、立法と行政が連携している。国会が総理大臣を選び、総理大臣が国務大臣を選ぶので、国会によって内閣が支持されているというのを議院内閣制と呼ぶのです。

総理大臣になるには

次はその内閣の長たる総理大臣について考えてみようか。

資格に関して言えば、国会議員であること以外にないですよね。

そうだね。じゃあ、隠れた別のルールを考えてみようか。最近の総理大臣はすべて衆議院出身です。所属政党はどうだろう。

ほとんどの総理が自民党に所属しているので、自民党でしょうね。

そうだね。自民党に所属するのが一番総理になる可能性が高い。そして自民党で出世して派閥のトップになり、影響力を示し、自民党の総裁にならなければ総理の座には就けません。

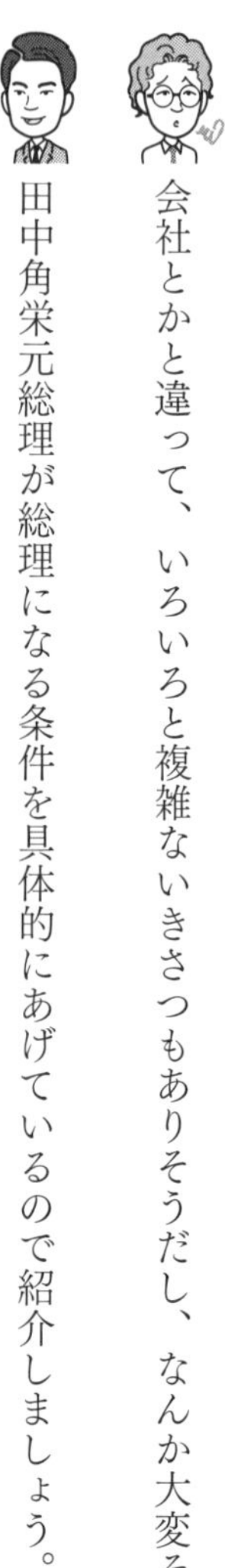

会社とか違って、いろいろと複雑ないきさつもありそうだし、なんか大変そう。

田中角栄元総理が総理になる条件を具体的にあげているので紹介しましょう。

- 当選10回程度
- 60歳前後
- 党三役2回
- 閣僚3回（外務、通産、大蔵のどれか2つを含む）
- 自前の派閥を持っている

以前、このように語っていました。

それを満たす政治家というと、ずいぶんと大物になりますね。

佐藤栄作内閣の後（1972年以降）、その後継者を争った三木武夫、田中角栄、大平正芳、福田赳夫はすべて条件を満たしていた。でも、最近は、この要件を満たしていない総理も増えてきている。状況が変わっているんだね。小泉総理が誕生した2001年以降、特に顕著になっている。自民党の総裁は、それまで国会議員の投票によって決めていたんだけど、徐々に地方の党員にも投票権を与え、それが反映されるようになったんだ。その結果、閣僚経験や党の役職経験よりも、どれほど世論の支持を得ているか、選挙の顔になるか、という視点から選ばれる傾向にあるね。実際、小泉、安倍、福田の最近の総理は右の条件を全く満たしていない。安倍、福田に至っては、当選回数が当時それぞれ5回・6回で、従来の基準から言えば、まだまだ若手だったのです。

もうひとつ、田中元総理は面白いことを言ってるんだ。それは「八分の一理論」というんだけど、知ってるかな。

知らないです。何ですか。

総理大臣になるには、衆議院議員の8分の1を押さえればなれるという彼のセオリーなんだ。

衆議院の中から総理大臣として指名されるには、国会の半分である衆議院をおさえる（2分の1）。衆議院を押さえるには、その半分を占める自民党のトップである総裁になること（4分の1）。そして、自民党の総裁になるには、自民党議員の半分の支持があればよい（8分の1）。

つまり、国会議員の8分の1の数をおさえれば、日本の頂点に立てるという理屈です。数字に強い田中元総理らしい発想。

派閥のトップとか、大臣就任って聞くと、権力闘争に力を入れているイメージがあるんですけど、それでいい総理大臣になってくれるんでしょうか。

確かに押し出しが強いだけだと困るけど、それも政治家としての力量ではあるよね。力がないけど人気があるので総理になったら国民のほうが不幸になるよ。

議院内閣制と大統領制の違い

今までみてきたように日本は議院内閣制により総理大臣を選んでいるんだけど、アメリカ

はまた別の方法で大統領を選んでいるのは知ってるよね。

大統領選挙でしょ。これもニュースでよく取り上げられますよね。

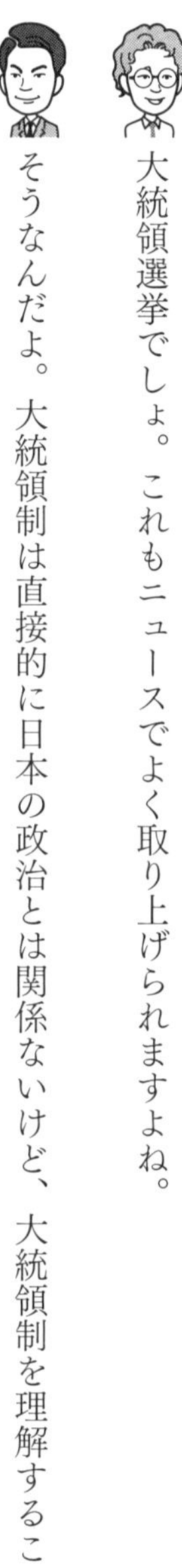

そうなんだよ。大統領制は直接的に日本の政治とは関係ないけど、大統領制を理解することで、議院内閣制の理解が深まるので、この2つを比較してみようか。

わかりました。でも根本から違うんでしょ。

そういう一面はあるんだけど、押さえておきたいことがひとつあるんだ。それは、立法と行政の関係だよ。議院内閣制では、総理は衆議院で過半数を占める政党の党首がなります。総理が国会議員などから大臣に任命するというのは、説明した通り。
それに対して、大統領は国民から直接選ばれる（形式上は間接選挙ですが、実質は直接選挙）。アメリカでは大統領選挙とは別に議会選挙がある。立法と行政が明確に分離し、厳格な三権分立になっているんだ。なので、議会による信任がないので、議会から不信任を突きつけられることはありません（弾劾裁判は別）。

そこまで厳格に決めているとなると、日本とは政治の色合いが違いそうですね。

アメリカは、立法と行政の役職を兼任できないんだ。例えば日本だと、制度上、衆議院議員（立法）兼総理（行政）のように、むしろ行政府のトップと国会議員を兼任しなくてはならない。でも、アメリカの場合は兼任が認められていないんだ。

じゃあ、日本の総理大臣（首相）とアメリカの大統領、どっちが強いんですか。

また直球だね。それは難しいなぁ。確かに大統領のほうが強く見えるよね。国民から直接選ばれているし、一度選ばれれば、任期である4年を全うできる。日本の総理大臣は国民から直接選ばれていないし、議会の信任がなくなれば辞職しなければなりません。

やっぱり日本の政治ってイケイケどんどんではないですよね。

そう見えるけどね。こういう事態も考えられるんだ。

アメリカの場合、議会で反対派の議員が多数を占める事態になった場合、国内の政治が前に進まなくなる。一方、日本の議院内閣制の場合だと、立法と行政の連携が前提なのでスムーズに政策を進めることができます。ただ、日本の場合、この国会と内閣の関係は、厳密な意味での三権分立ではないとする立場もあります。立法と行政が協力しているともいえるし、ズブズブの関係にあるともいえるのです。

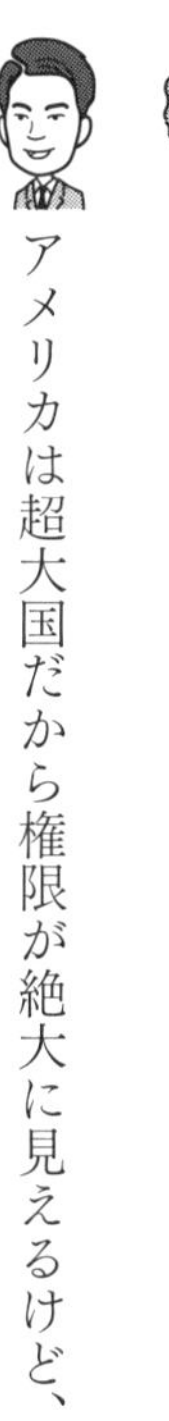

思ったよりアメリカ大統領の力って制限されているんですね。

アメリカは超大国だから権限が絶大に見えるけど、議院内閣制と比較して突出して強い権限があるわけではないことは覚えておくといいよ。

大臣の選び方

では総理大臣は、どのようにして大臣を選ぶのかを考えてみようか。

憲法第68条にはこうあります。

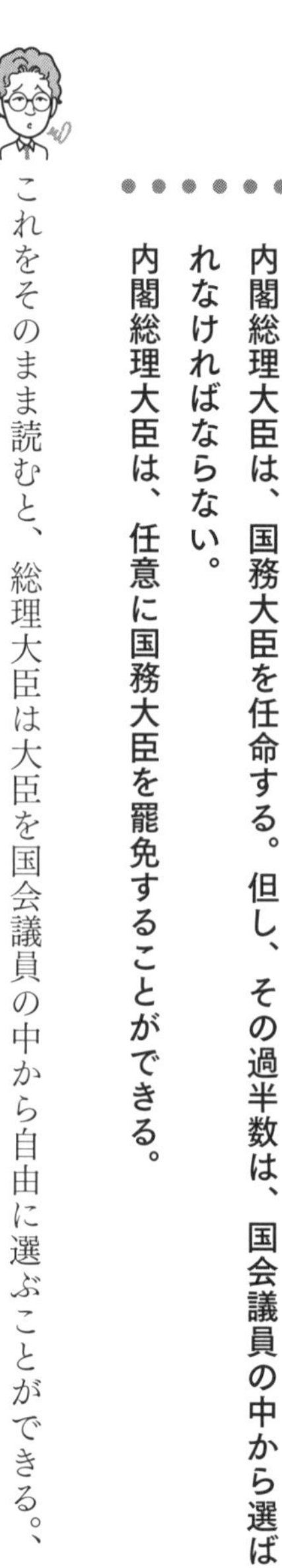

内閣総理大臣は、国務大臣を任命する。但し、その過半数は、国会議員の中から選ばれなければならない。

内閣総理大臣は、任意に国務大臣を罷免することができる。

●●●●●●

これをそのまま読むと、総理大臣は大臣を国会議員の中から自由に選ぶことができる。、そして自由にクビにすることもできるって読めますけど。

それが正解だよ。つまり、総理が国会議員の中から自由に選び、かつ、クビにすることもできるんだ。また、過半数が国会議員であればよいから、選挙で選ばれた国会議員でなくても、総理大臣から任命されれば、いきなり大臣になることもあるわけだ。民間大臣はひとつの内閣に一人ぐらいはいるよね。彼らは、その内閣の目玉となることもあるけど、主に元官僚や学者が登用されるんだ。

でも派閥の割り振りとかってあるんでしょ。法律には書いていないけど、どうやって割り振られるんですか。

近年の内閣の代人枠で考えてみようか。震災やオリンピックなどによって、現在の代人枠は流動的だけど16～20となっている。まず、連立している公明党に1与える。参議院所属議員に3つ割り振られるんだ。

それで残りを衆議院議員で奪い合うわけですか。

こらこら言葉が悪い。
残った枠をどう分配するかは、総理大臣が自由に選べるわけではないんだ。派閥のバランスを考えた人事を行うんだ。

別に憲法や法律には書かれていないことですよね。総理大臣でも自由にできないんですね。

それをしたのが、小泉元総理だったんだ。「自民党をぶっ壊す」と言って登場し、一気に世論の圧倒的な支持を得た。従来の派閥推薦人事を否定し、閣僚・党の役職を小泉元総理ひとりで決めたんだ。

「ぶっ壊す」と言った割には、それほど壊れてはなかったですよね。

閣僚・党の役職をすべて自分で決めたように、派閥のバランスを考えず、従来の派閥均衡人事を否定したことは間違いない。それに、彼の師匠は福田赳夫なんだけど、福田と対立した旧田中派を徹底的に追いやったんだ。でも自分が属する派閥を優遇したんだ。

郵政解散とか、かなり無茶をした印象があります。彼の後、あまり政治が変わった印象がないですね。本来、大臣の割り振りってどうやっていたんですか。

海部俊樹元総理によれば、大臣人事の際は、まずそれぞれ派閥のトップが自派で推薦する議員を総理あてに届けるというのが習わしとのこと。書状には数名の名前が書かれていて、順位は示さずにこの中からよろしくという形式もあれば、◎や○などで優先順位を示す派閥の領袖もいたそうだよ。

格式張っていますね。

そうだね。

政務三役とは

ここで質問です。省のトップは誰でしょう。

それはこれまでに何度も触れていた大臣です。

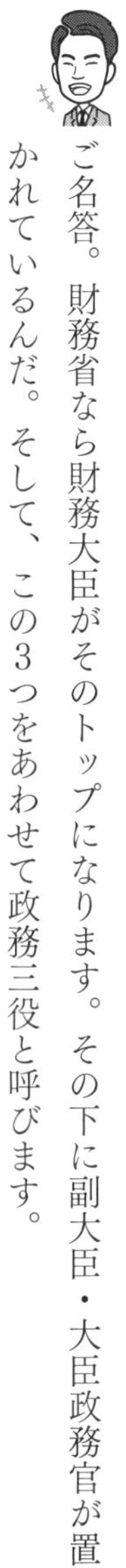

ご名答。財務省なら財務大臣がそのトップになります。その下に副大臣・大臣政務官が置かれているんだ。そして、この3つをあわせて政務三役と呼びます。

3人もいるのは、やっぱり忙しいからですか。

ひとつの省庁が扱う案件は、あまりにも多岐にわたっているんだ。例えば、財務省は、予算編成以外に、税制企画、国際金融、関税管理、国債・国有財産管理などがあるんだよ。こうした幅広い分野の職務を大臣1人に任せるのは酷です。そこで、大臣を補佐する役職

政務三役とは

※大臣、副大臣、大臣政務官のこと

国務大臣 ←当選5回以上

副大臣 ←当選3回以上

大臣政務官 ←当選2回以上

として、副大臣と大臣政務官が置かれているんだ。

結構、大臣って忙しいんですね。

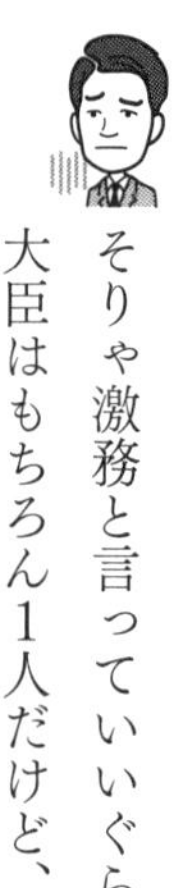

そりゃ激務と言っていいぐらいだよ。各省に大臣はもちろん1人だけど、副大臣や大臣政務官は省庁の規模によって設置人数が異なるんだ。一般的には、副大臣が2人、大臣政務官が2人という構成かな。法務省のように規模が比較的小さいところはそれぞれ1人だったり、内閣府のような大所帯はそれぞれ3人だったりもする。

昔から副大臣っていましたっけ。政務次官と

か呼ばれた役職はどうなったんですか。

２００１年までは、政務次官という役職があったんだ。政務次官っていうのは、副大臣と比べて職務代行権がなく、大臣の使い走りのような位置づけで、省庁内外に影響力を及ぼすことができなくて不評だったんだよ。若手議員にとっては、政策の勉強や人脈をつくる以外にメリットがなく、より強い権限を求めて副大臣と大臣政務官が設けられたんだ。

さっき出てきた職務代行権というのはどういうものですか。その名の通り、職務を一部代行できるってことですよね。

政務三役の序列は、大臣、副大臣、大臣政務官となっている。副大臣は業務を通じて大臣を補佐する。例えば、外務省なら外交関係の案件はすべて外務省が担当（＝外務大臣の仕事）という感じだね。職務代行権というのは、副大臣に与えられていて、大臣の不在時に政策を進めることができるんだ。

ついでに大臣政務官についても話しておくと、彼らは「経済外交」とか「少子化問題」とか、特定の政策を中心に仕事をするんだ。大臣や副大臣に比べると専門職が強いね。

こうやって教えてもらうと、政治って真面目にやるととっても忙しいんだなってわかります。

政策を実際に進める役割だからね。さらにその先にいる地方自治体や国民のことも考えなければいけないからね。

それだけ激務なら、経験の若い議員はなれないですよね。

そうだね。やっぱり当選1回目の新人が任命されることはないよ。衆議院議員の場合なら、当選5回以上で大臣、当選3回以上で副大臣、当選2回以上で大臣政務官に任命されることが多いかな。

事務次官とは

政務三役は議員で、選挙で選ばれているけれど、省庁内で彼らの下で働いているのは国家公務員（キャリア＆ノンキャリア）なんだ。そして、官僚と呼ばれる彼らが就ける最高のポストが事務次官なんだ。

政務三役の下という位置づけですか。

一概には言えないけど、そういう感じかな。政務三役は選挙によって国民に選ばれた議員だからね。でも、大臣は、議員だから内閣改造や選挙があればいなくなることが多い。それに対して事務次官はその省一筋の強者です。大臣と政務次官のどちらが省の実験を握っているかというと、まず間違いなく事務次官です。

なんか影の実力者っぽいですね

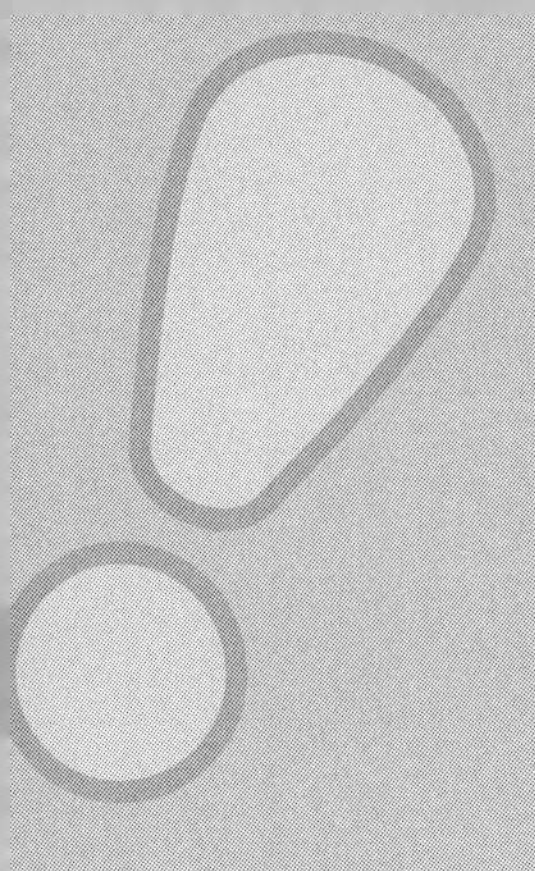

第5章
選挙について

衆議院の選挙制度

木田先生にいろいろと教えてもらって、政治に興味が出てきました。今まで、選挙があっても「暇だったら行こうかな」って感じで、行かないことも多かったんですけど、自分の持っている一票が大切だなと思うようになりました。「たかが一票。されど一票」ですよね。

そう、その通り。選挙に行って意思表示をすることが大切だと思うよ。この章では、選挙の仕組みについて考えてみようか。

選挙って、〝数が多い人が当選する〟だけじゃないんですか。

確かにそうです。でも、それだけじゃないんだよね。この〝それだけじゃない〟が重要なんですよ。

わかりやすく国政選挙を例にとって説明してみましょう。
夏山くん、衆議院と参議院はわかると思うけど、候補者がどうやって選ばれるか、わかってる？

選挙に行ったら、投票用紙を二枚渡されますよね。一枚が比例代表制でもう一枚が選挙区制の用紙ぐらいはわかりますよ。

正解。衆議院選挙も参議院選挙も、〝比例代表制度〟と〝選挙区制度〟を採用しています。
でも、比例代表と選挙区の選び方が衆議院と参議院の両方とも違う選び方なんだよ。

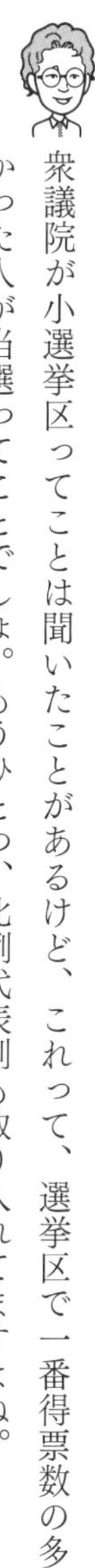

衆議院が小選挙区ってことは聞いたことがあるけど、これって、選挙区で一番得票数の多かった人が当選ってことでしょ。もうひとつ、比例代表制も取り入れてますよね。

その2つを取り入れた衆議院の選挙制度を〝小選挙区比例代表並立制〟と呼ぶんだ。

字が長い（笑）。２つの制度を並べてるだけだから、意味はわかります。

衆議院の定員は４６５名。そのうち、小選挙区で２８９名、比例代表で１７６名が選ばれます。

小選挙区制は、さっき夏山くんが話した通りで、ある選挙区の立候補者の中から最も得票数の多い候補者を当選とします。１９９４年に公職選挙法が改正されて、小選挙区制が導入されました。初めて適用されたのは、１９９６年の第41回衆議院選挙でした。夏山くんは、生まれていたかな。

僕は、小選挙区制導入が決まった１９９４年に生まれたんです。だから１９９６年の選挙の時は二歳だったんですけど、何にも覚えていませんね。

日本の小選挙区制度とは同級生ですね。じゃあ、質問です。小選挙区制が導入されて政治がどう変わったと思いますか。

いきなり何を聞くんですか。でもわかりますよ。アメリカのように二大政党制を目指したんですよね。

その通りです。政治スキャンダルがいくつか重なり、当時の国民は政治に嫌気がさしていました。とってもざっくり言うと、「政治とカネ」の問題を、選挙制度を変えることで解決しようということです。

（遠い目をしている。全然わかっていない）

ここはけっこう重要なところだけど、追々説明することにしましょう。まず、これだけ覚えておいてください。国民本位、政党本位の政治を実現するために、小選挙区制が取り入れられたんです。

国民本位はわかるけど、どうして政党本位なの。

それは衆議院選挙が〝政権選択〟の選挙だからです。小選挙区制は二大政党制を導きやすいのです。

確かに、当選するのって、その選挙区で一番人気か二番人気の候補者ですよね。1人しか当選しないなら、同じ政党から2人以上出ることもないし、評価の高い政党の候補者に集まりそうです。

そうだよね。もし、二大政党制となって、議員数が拮抗するようなら、政権交代が起こりやすくなりますね。じゃあ、なんで小選挙区制が採用されているのは、衆議院だけなんだろう。

だって総理大臣を決めるのって衆議院だからじゃないんですか。

惜しい。言いたいことはわかるけどね。正確にいうと、総理大臣の指名は、衆議院の議決が優先されるからなんだ。

総理大臣の指名は衆議院の議決が優先されるので、衆議院が2つの政党で構成されていたら政権交代が起きやすいよね。

確かにそうなんですけど、じゃあなんで〝比例代表並立制〟なんですか。

やっぱり気づくよね。小選挙区制だと〝死に票〟が出るのはわかると思うけど、二大政党制を目指すなら、A党かB党かって選択だから、それ以外の少数意見というのは省みられることはない。じゃあ、その少数意見を無視しないためにとられたのが〝比例代表〟なんだ。

じゃあ、小選挙区の欠点を比例代表で補ったってことなのかな。

そう思うよね。実はそうじゃないんだな。「並立制」の意味をここで考えてみようか。並立制っていうのは、衆議院選挙の場合、〝小選挙区〟と〝比例代表〟という2つの選挙を行っていることなんだ。

別の仕組みなのはわかります。議員を選ぶのに違うやり方の選挙を同じ日にやるってことですね。でもだいぶ難しく感じてきました。

あと、もうちょっとだけ。大事なのは、比例代表制は、小選挙区の欠点を比例代表が補うために作られたわけじゃないんだ。あくまでも別の選挙で、いろいろな国民の声を拾うということ。なんかとってつけたようだけど……。

目指すところってそこかもしれないけど、実際は違いますよね。民主党が政権を取ったときもあるけど、基本、自民党の政権ですよ。

これはちょっと政治に失望することになるかもしれないけど、小選挙区比例代表並立制が導入されて25年。有権者が思っていたこととだいぶ違うことになってきたんだよね。いろいろな理由で分裂している野党にとっては、衆議院のこの制度はあまりうまく働いていないよね。小選挙区では野党同士で共闘しなければいけない。でも、比例代表では、独自性をアピールしないといけない。〝敵と戦いながら手を組む〟なんて矛盾しているで

しょ。

つまり、アクセルとブレーキを一緒に踏んでいるようなものですね。ガソリンを使っているけど、前には進んでいない。

その結果、与党の自民党がずいぶんと強くなってしまったことは夏山くんも感じていることでしょう。

そうですね。僕が、あまり選挙に行かないのも、〝どこ入れても、自民が勝つから結局同じでしょ〟って思いが強いんですよね。

参議院選挙について

次は参議院選挙を説明しましょう。

正直、あんまりパッとする選挙じゃないですよね、参議院選って。総理大臣も自分たちの意見は後回しにされるんですからね。というか、衆議院と違ったらもう終わりでしょ。

確かにね。まずは選挙制度を説明するね。さっきも触れたけど、参議院も2つの選挙制度が採り入れられています。
まず選挙区は〝中選挙区制〟、もうひとつが〝比例代表制〟。衆議院選挙の比例代表制との違いから説明しましょう。

だいたい一緒なんでしょ。

そう見えるかもしれないけど、違うところはけっこうあるんだよね。一番大きな違いが〝名簿〟なんだよ。参議員選挙は〝非拘束名簿〟なんだ。

(目が点。理解できず)

（先に続けて）参議院選挙に行ったとき、衆議院選挙と同じように投票用紙を二枚もらったと思います。衆議院のときは比例代表制の用紙には〝政党〟を書いたと思うけど、参議院のときは、政党か候補者の名前を書きます。

（我に返って）そうでした。なんか、変わってるなと思ったんです。

衆議院のときの比例代表制は、政党ごとに候補者の順位が決まっている〝拘束名簿〟でした。参議院選挙の〝非拘束名簿〟は候補者の順位が決まっていません。投票で決まるのです。それが比例代表の投票用紙で候補者の名前を書く理由です。

それはいいんですけど、政党を書いたらどうなるんですか。

そのときは、政党票としてカウントされ、議席を割り振るときに使われます。そして順位は獲得票数の多い順に決まります。

でもね……。

せっかくわかった感じがするのに、〝でもね〟ってなんですか。

2019年から〝特定枠〟というのが参議院選の比例代表制に組み込まれました。

なんですか、それは。

特定枠っていうから、身構えるけど、結局はもうひとつ名簿を導入しましょうってことです。その名簿が衆議院選挙と同じ〝拘束名簿〟なのです。

順位を付けた名簿があるってことは、そっちを優先するってことですね。

その通り。そうすると、先に拘束名簿の人たちに議席を割り振って、その後に得票の多かった候補を選んでいきます。後回しにされるので、自分に得票してくれても、当選できないって矛盾も出てくるかもしれません。

それってなんか釈然としない。

ですよね。いろいろな理由があって導入されましたが、問題の多い制度だと思います。せっかく比例代表制の話になったので、衆議院の比例代表制と参議院の比例代表制の違いって判りますか。

名簿の違いってことは教えてもらいましたけど、他にもあるんですか。

もうひとつあって、投票できる範囲が違うってことなんです。衆議院は全国を十一のブロックに分けて、それぞれ議席を割り振りますが、参議院は全国一区、つまり全国でひとつ扱いってことです。

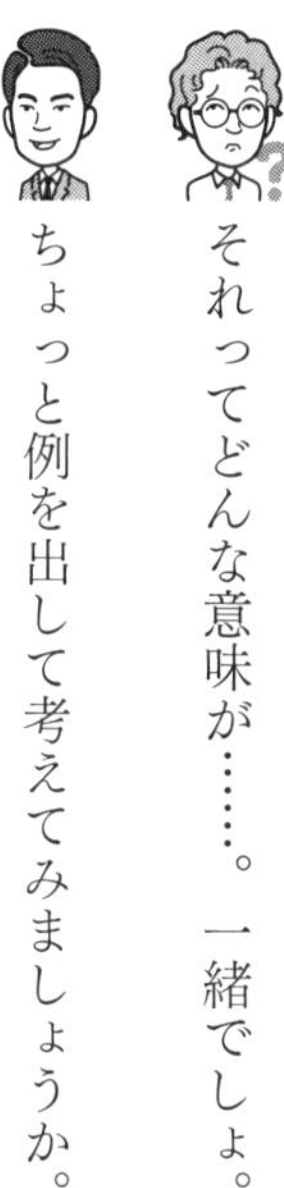

それってどんな意味が……。一緒でしょ。

ちょっと例を出して考えてみましょうか。全国区だと、北海道の有権者が名簿に入っている沖縄の政治家（の所属する政党）に投票することができるんです。参議院にいわゆるタレント候補が多いのもこのためです。彼らの知名度を〝利用〟して集票しているのですから、かなり効果はあるでしょう。知名度の高いタレントを入れておけば、全国から票が集まるってわけですね。

それで参議院には〝タレント候補〟が多いんですね。

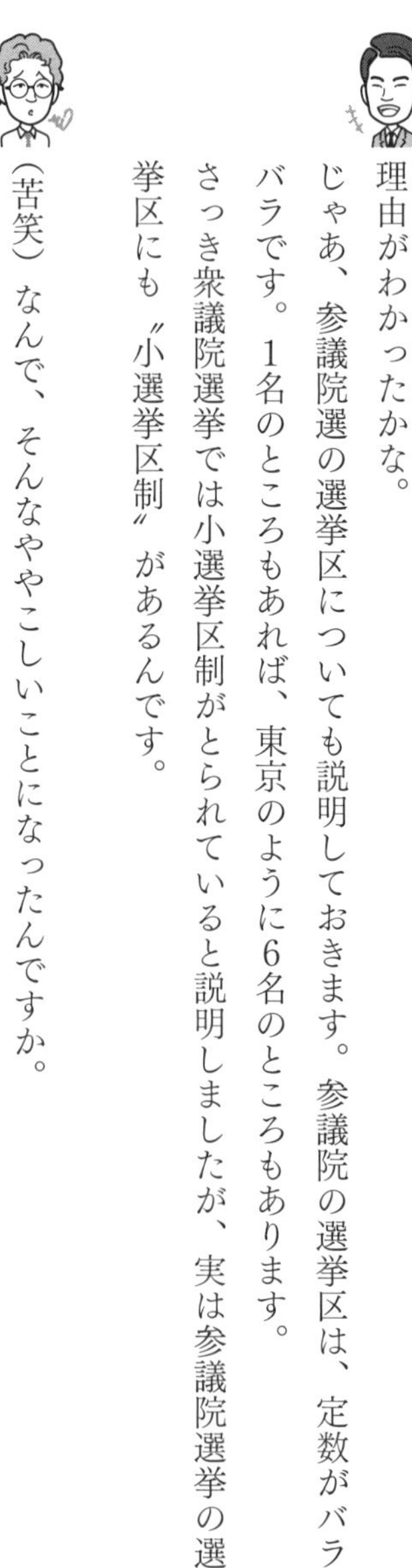

理由がわかったかな。
じゃあ、参議院選の選挙区についても説明しておきます。参議院の選挙区は、定数がバラバラです。1名のところもあれば、東京のように6名のところもあります。さっき衆議院選挙では小選挙区制がとられていると説明しましたが、実は参議院選挙の選挙区にも〝小選挙区制〟があるんです。

（苦笑）なんで、そんなややこしいことになったんですか。

それはねえ、人口に合わせて定数を是正していったら、どうしても1人になっちゃうところが出てきたんだよ。しかも、それまではせめて一県に定数一を保っていたのに、それもできなくなってしまったんだ。

ニュースで見ました。鳥取県と島根県、高知県と徳島県がそれぞれ合わせて一選挙区になって、1人しか選出されないんですよね。

そう。合区っていうんだけどね。一番多い定数は東京都の6なんだけど、定数が1の選挙区って32もあるんだ。選挙区の改選数が74で、定数1の選挙区が32。これって半分ぐらいは〝小選挙区〟だよね。

言われてみればそうです。比例代表制にしても、拘束名簿と非拘束名簿で選ぶんでしょ。選挙区も中選挙区と小選挙区が混在。なんか、もやもやしてます。

そうなんだよ。いろいろなやり方で議員を選んでるようにみえるけど、結局は参議院議員

は何を代表している存在なのかとっても曖昧なんだ。

第6章 国会議員と政党

国会議員になる

国会議員になる（国政選挙で当選する）にはどうしたらよいでしょう。その方法は分類の仕方によってさまざまですが、主に5つあります。

- 二世議員になる
- 国会議員の子息と結婚
- 官僚・地方政治家・議員秘書になる
- 政党の公募に応募する
- 有名人になる

選挙で当選するために必要とされる要素は、ジバン（地盤）、カンバン（看板）、カバン（鞄）の3つで、すべてバンがつくので俗に「三バン」と言います。

へー。けっこうありますね。

じゃあ二世議員から考えてみようか。親が国会議員であれば、ジバン（地盤）があるので、当選する可能性はかなり高いです。しかし、親が国会議員であるかどうかは天命ですので選べません。

地盤とは、支持者や票集めを支える地元の選挙区の後援会などのことです。後援会は支援者やボランティアの集まりです。後援会を作るには、地元の有力者を抱き込み、同窓会・企業・地縁血縁・サークル・各種団体などのネットワークを駆使する必要があります。

それってずっと地元で活動しなければいけないのかな。

そういうわけではないけどね。支持者や後援会がいない地域で立候補しても、だれも応援してくれないので当選は厳しい。二世議員などのいわゆる世襲議員が強いのは、絶対的に忠誠を誓う強固な後援会を親や先代から譲り受けているからなのです。

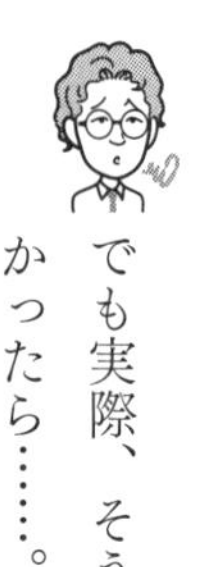

でも実際、そういう人が受け継ぐだけじゃないですよね。もし、後継ぎがどうしようもなかったら……。

親が国会議員でなくとも、義理の親になってもらうという方法があります。例えば、大物議員の政治家の娘さんと結婚し、義父の政界引退、または死去に伴い「三バン」を受け継ぎ出馬するといった具合です。

けっこう総理大臣でも、有力な議員の婿っていうのもいますよね。わりと一般的なんだ（笑）。

カンバン（看板）とは、知名度を指します。この点も世襲議員に有利です。父が有名な大物政治家や元総理である世襲議員の方が知名度は高い。どこの馬の骨とも知れない候補者では知名度が低く、支持が集まらないのです。

なんか裏ルートみたいですね。

他にも官僚、議員秘書、もしくは地方政治家を経て国会議員になる場合もある。官僚・地方政治家・議員秘書として、実績・経験を積んだ上で、政党の公認を得るパターンです。○○党からスカウトされて国会議員になるということです。

官僚や二世なら、いろいろな形で経験を積んでいるんだろうけど、ただ有名なだけな人もいるよね。

世襲議員でなくても、芸能人・スポーツ選手など名が知れていればとにかく有利に働きます。日本の選挙は広告に制限があるので、立候補した段階での知名度が勝敗を分けます。

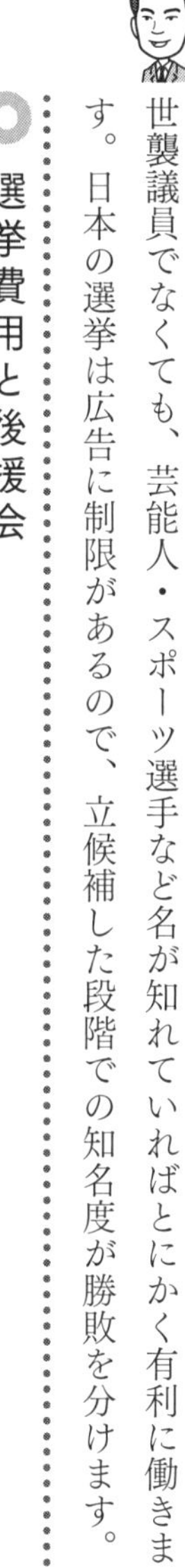

選挙費用と後援会

けっこういろいろとある割にはそれなりに苦労が多いんですね。

そうなんだよ。ぶっちゃけて言うと、とにかくお金がかかるんだ。とかく政治にはお金がかかり、選挙運動の際は大量の資金が必要です。かつて中選挙区制の時代には、「五当四落」といった言葉がありました。五億円かければ当選、四億なら落選という意味です。相当な金権政治が展開されていたわけです。

でも、選挙費用は法律で決まってるんじゃないの。

実は選挙費用については法律で上限が定められており、金額が都道府県ごとに異なりますが、例えば最も高い北海道の場合は7250万円です。これだけでも、それなりの額です。しかし、実際はこれを上回って支出されています。上限は「選挙運動のための費用」であって、直接選挙に関係しない支出は含まれません。なので、実際は上限以上にお金を費やし選挙で戦っています。ちょっとした小金持ち程度では選挙を戦い抜くことはできないのです。

じゃあ世襲議員のほうがお金がかからずにいいのかなぁ。

ちょっと二世議員などについて考えようか。日本の政治家の約半数が世襲政治家と言われています。二世政治家は父↓子の二世議員もいれば、小泉進次郎衆議院議員の小泉家のように、曾祖父↓祖父↓父↓子の四代に渡り世襲されている家もあります。なので、小泉進次郎議員は四世議員ですね。
例えば、衆議院議長を務めた町村信孝氏の娘さんと結婚された和田義明氏は、義父の選挙地盤を受け継ぎ当選を果たしています。

そういえば疑問に思ったんだけど、後援会って、仕事は何をしているの。

後援会は議員の地元をしっかり守っている人たちかな。国会議員は、国会の会期中は東京にいるからね。帰れるのは、週末だけってことになる。

結構忙しいんだ。

そうなんだ。公職選挙法では、選挙前に選挙運動をすることを禁じています。なので、選挙期間外に駅前で演説している政治家は「私に一票入れてください！」とは絶対に言いません。逆に言わなければ実質的な選挙活動ができるわけで、日本の公職選挙法にはこうした抜け道があります。選挙活動として選挙前にパンフレットを配ることは禁じられていますが、「後援会組織」を拡大するためであれば、問題になりません。そういった意味でも後援会は選挙準備に欠かせないのです。

多忙な国会議員

じゃあ、国会議員がどれくらい忙しいか考えてみよう。

なんか暇そうなイメージがあるんですけど。

ここでは国会議員がどんな一週間を送っているのか見てみましょう。当然、当選回数、役職、閣僚であるか否かで異なるけどね。一年生議員なのか、当選5回以上の閣僚クラスの議員なのか、国会が開いているのか、開いていないのか、パターンはさまざまですが、結論から言うと、過密スケジュールでかなり忙しいです。歴史的に与党であることが多い自民党の衆議院議員について参考に見ていきます。

はい。「金帰火来」という言葉は知ってます。金曜日の夜に地元へ帰り、火曜日の朝（もしくは月曜日の夜）に東京へ戻ってくることを意味しているんですよね。

そう。衆議院は本会議が火・木・金に開催されて、議員は必ず出席します。本会議がない場合も、自民党の部会や委員会に出席する必要があるので、平日は東京にいます。国会が開会している間は平日が国会がらみで忙殺されます（国会が開かれているのは年間150日~200日）。
それに自民党の場合、平日は本部で8時から部会が始まるので、これに合わせて身支度を済ませて部会に出席します。なので、自民党議員はだいたい朝6時までには起床するそうです。

部会って何ですか。

部会とは、ある政策や法案について議論・勉強をする場で、財政・外交・社会保障・教育といった分野ごとに分かれています。自分が関心のあること、ましくは専門にしたい分野

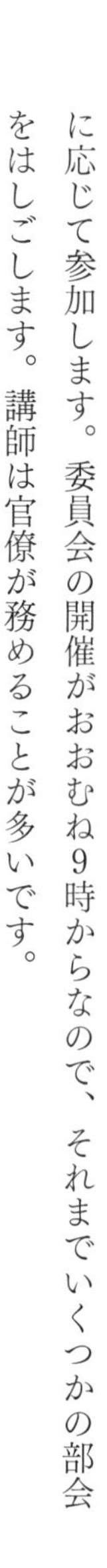
に応じて参加します。委員会の開催がおおむね9時からなので、それまでいくつかの部会をはしごします。講師は官僚が務めることが多いです。

忙しい。俺、無理かも……。

国会議員はいずれかの委員会に所属しなくてはいけません。なので、9時からお昼まで委員会に参加します。当然、質問者であれば、前日までに質問内容を練りに練ります。衆議院の場合、本会議は火・木・金の午後1時から始まります。15分前の12時45分には本会議に先立ち代議士会が開催され、ここで法案の賛否などを確認します。

それで地元にも帰るんですよね。

週末は地元に帰るから、土日はゆっくり過ごす、というわけにはいきません。土日（場合によってはプラス月）は地元対策で駆けずり回ります。地元の後援会へ挨拶に行ったり、国政報告会を開催したり、支援者の子息の結婚式や葬儀を何件もハシゴしたり、ときには地元の市民運動会で走ったりと……土日は休めませんね。

じゃあ、国会議員はいつ休むの。

「となると一週間のうち一日も休みはないの?」となりますが、まさにその通りで、国会議員の一週間は「月月火水木金金」なのです。年間休日が2、3日といった議員がザラです。というより、仕事の性質上、オン・オフの線引きが引きにくいのです。本会議終了後の午後、だいたいの議員は自らが担当する法案や政策について官僚から説明を受けます。俗に〝レクチャー〟と言い、官僚が家庭教師になって生徒である議員に授業をするわけです。

ほんとに忙しいですね。パニックになりそう。

それをこなすだけの胆力がいるんだよね。レクチャーを受けた後の夕方以降はさまざまですが、○○議員連盟会合、翌日の委員会での質問に備えて秘書と打ち合わせ、地元の支援者との会合、所属する派閥の会合などが22時くらいまで続きます。常に誰かと会って、1人の時間はほぼありません。帰宅してから就寝までの2時間弱が自分の時間で、深夜0時ごろには就寝する人がほとんどのよう……。

これだけやって本会議にも出て……、感心するわ。

ふふ。本会議なんだけど、実は、唯一休息をとれるのが新幹線の移動中と本会議なのです。本会議は実質的な審議をせず、儀式化しているので、その間にウトウトしてしまう議員がいるということです。ニュースでときどきそんな映像が流れて「国会で寝ている政治家は許せない！」という批判が出たりするけど、自民党の部会でも委員会でも仕事をして、本会議ではついつい寝てしまうこともあるというのが正確な表現でしょう。

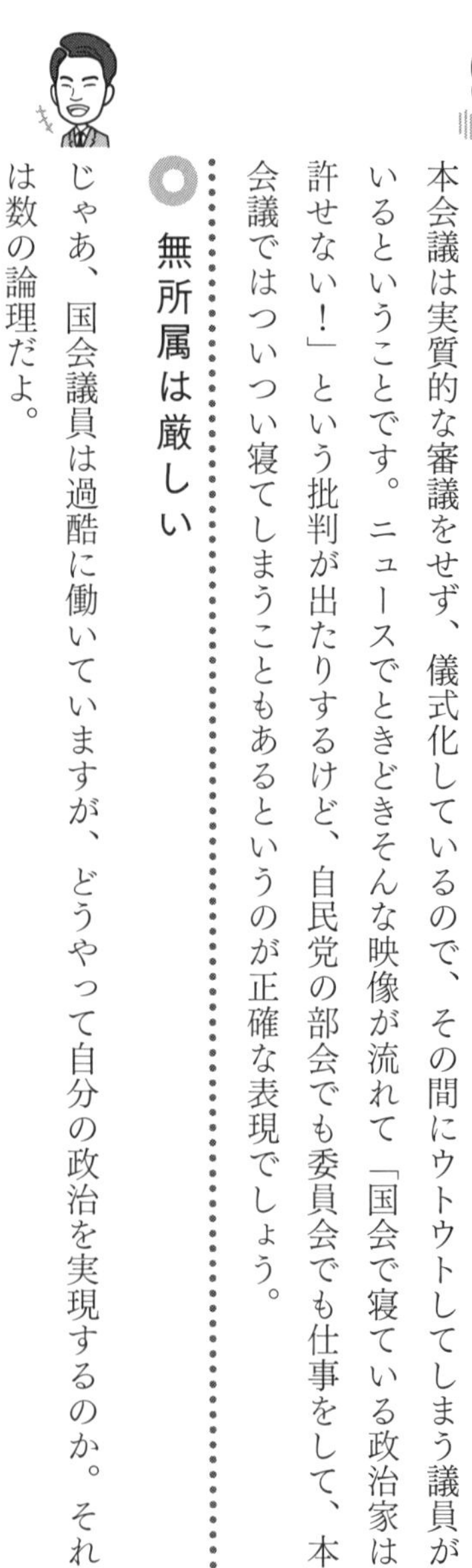

無所属は厳しい

じゃあ、国会議員は過酷に働いていますが、どうやって自分の政治を実現するのか。それは数の論理だよ。

政党に所属するってことですよね。

そう。でも、所属しない人もいる。彼らは無所属議員と呼ばれるよね。

意外に、無所属議員って少ないですよね。

選挙などを見ていて、無所属議員は意外に少ないと感じたことはあります。「人それぞれ考え方は違うのだから、個々人で活動すればよいのであって、なぜわざわざ○○党に所属するのだろう」と。私も「長い物には巻かれろ！の精神なのか」と党所属の国会議員を批判的に見ていたこともありましたが、国会議員の生態を知るにつれ、無所属での議員活動はかなり厳しいという認識に至っています。無所属議員の大変さは大きく分けて「選挙活動」、「国会での活動」の2点ですね。

それって、議員として重要な2つが大変ってことですか？

まず、無所属だと党からお金がもらえません。○○党から公認が得られれば、候補者の段階で月40万〜50万の資金が援助されます。当選後も活動費が与えられ、派閥に属していれば上乗せして資金が与えられます。無所属だとこうした年間数千万円のお金を自分で集めなくてはいけません。

お金を集めるのは大変ですよね……、まさかお金以外にも……。

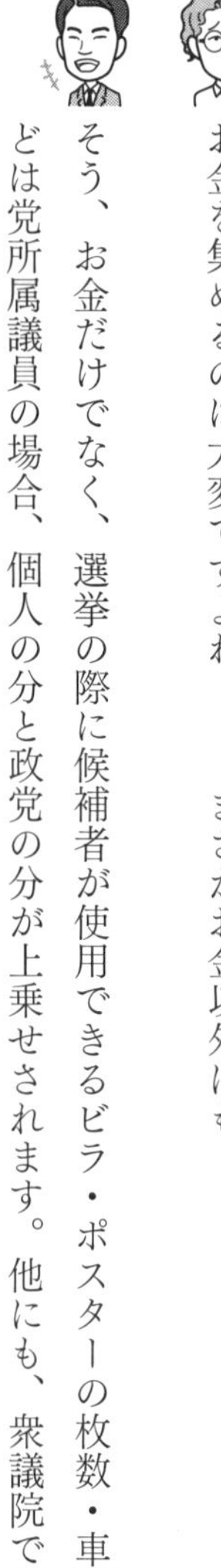

そう、お金だけでなく、選挙の際に候補者が使用できるビラ・ポスターの枚数・車両数などは党所属議員の場合、個人の分と政党の分が上乗せされます。他にも、衆議院であれば、党の公認候補者なら小選挙区に加え、比例代表にも立候補できますが、無所属の場合、小選挙区のみの立候補となります。無所属の選挙戦は厳しい戦いになります。

……。国会での活動も大変だと言ってましたよね。

党所属の議員に比べ、無所属議員は国会での活動も制限されます。国会では政党ではなく、

会派という単位で活動しますが、完全に無所属で1人だと質問ができません。もちろん、無所属議員同士で会派を組むことができますが、質問時間は議員数に応じて割り当てられるので、数が少ないと質問時間が数分程度しか与えられません。また、法案を提出する際には1人単独で提出できず、衆議院の場合は少なくとも20名の賛成が必要です。

無所属ってあまり意味がないのかな。そう思えてきた。

このように、国会議員として活動するにあたっては、何かと集団で動いた方が得なケースが多く、自由気ままに1人で行動することができない制約が多々あるのです。

数の論理といえば、党内に派閥がありますよね。人数の多い派閥とかって……。

おお、夏山くん知ってるね。ちなみに「3人集まれば派閥ができる」と言われていて、その通り各党には派閥があります。ただ、すべての政党の派閥の特徴を理解する必要はないので、ここでは政権政党としての歴史が長い自民党の派閥について話しましょうか。

自民党は自主防衛・自主憲法を目的として、自由党と日本民主党が合併する形で、1955年に結成されました。その際、旧自由党系の派閥が4つ、旧日本民主党系の派閥が4つあったので、俗に八個師団と言われました。

そのころからすでに派閥があったんですね。

後で自民党（政党）の歴史について触れようと思うけど、自民党結党以来の8つの派閥は、佐藤栄作内閣退陣後の1972年から5大派閥と言われたほぼ5つの派閥に収斂します。このころ派閥のトップの頭文字をとって、〝三角大福中（角は田中角栄、田中派）〟と言われていました。ただ、この5つの派閥といっても、影響力・人数・総理の出身母体などを考慮すると、田中・福田・大平と三木・中曽根のグループに分かれ、前者のグループの方が主流で、後者のグループは傍流という印象になります。現在、自民党の派閥は8つありますが、もともと三角大福中のいずれに属すかという観点で整理すると頭に入りやすいです。

派閥にもそれぞれ特徴があったりしますよね。

三角大福中でみてみると、大平派は宏池会と言いますが、エリート官僚が多く、お勉強ができ政策通が多いのですが、寝技を駆使する政局に弱いので「お公家集団」と揶揄されます。福田派は清和会と言いますが、憲法改正や積極外交を打ち出すなど、タカ派（強硬派）の傾向があります。田中派は、田中角栄元総理や竹下登元総理が実際にそうであったように、数の力を背景に、自派からは総理大臣をあまり出さずに傀儡首相を擁立して裏で操り、派閥のさらなる拡大のためにいわゆる金権政治に走るのが特徴です。ちなみに、中曽根派と三木派は、中曽根・海部両元総理以降（1991年以降）、派閥から総理大臣が出ていないので、主流派閥とは言えません。

党内でグループができちゃってるんですね。

政党の歴史

ここで政党の歴史を考えてみよう。

今まで政党が分裂するのはニュースで見たことありますね。

そういうこともあるね。第二次世界大戦（太平洋戦争前）の日本では、原敬（はらたかし）内閣以降、本格的な政党内閣が続きましたが、日本が戦時体制に移行していく過程で、全ての政党は解散し、大政翼賛会（たいせいよくさんかい）に統合されます。
第二次世界大戦終了後、日本軍は解体され、政党の結成が復活します。政党はいくつかできますが、主に保守系（右派）と革新系（左派）に分かれました。保守系は日本軍を再建し自主防衛・自主独立を掲げ、経済体制は資本主義を標榜したのに対し、革新系は非武装中立で二度と戦争を起さないことを掲げ、経済体制は社会主義を標榜しました。

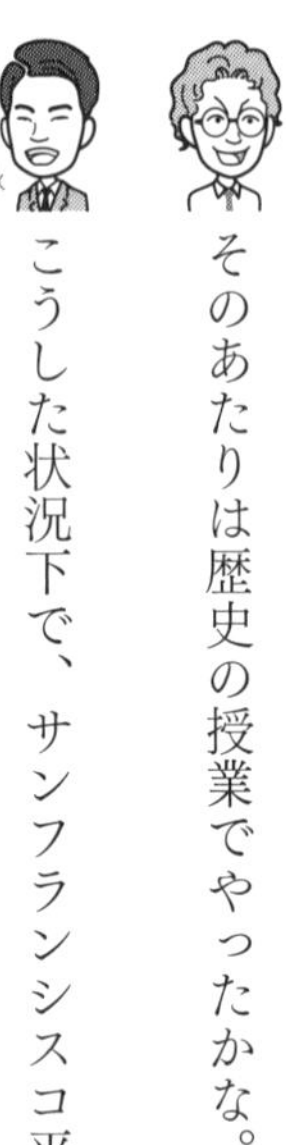
そのあたりは歴史の授業でやったかな。

こうした状況下で、サンフランシスコ平和条約の調印を巡り、革新系の代表政党である日本社会党は日本社会党内の右派・左派が対立し、分裂しました。もともと、社会党は戦前の革新系の３つの政党が合体してできた党なので、内部対立が激しかったのです。しかし、ただでさえ革新系の数は保守系のそれに劣るのにもかかわらず、さらに分裂しているようでは、保守系の政党に対抗できません。そこで、サンフランシスコ平和条約批准以降、分裂していた左右両派の日本社会党が１９５５年10月に統一することになりました。

これに危機感を抱いたのは保守系の政党です。このまま革新系の政党をのさばらせておくと、日本が社会主義の国になり、東ヨーロッパの国々のようにソ連の衛星国にされる恐れがあります。当然、社会主義の政権ができれば、大企業中心の財界の立場も危うくなります。

それってアメリカが嫌がりますよね。

そう。こうした背景から、財界の後押しもあり、保守系の政党である自由党と日本民主党が合同し（保守合同）、１９５５年に自由民主党が誕生しました。

この１９５５年は激動の年で、憲法改正・資本主義・親米を掲げる自由民主党と護憲・社会主義・親ソを掲げる日本社会党という二大政党が対立する構造が生まれました。これを55年体制といいます。この55年体制は、1993年の細川連立政権が誕生するまで、38年間にも渡り続くことになります。

そうか。自民党って合併した政党だったんだ。

しかし、55年体制は厳密には二大政党とは言えませんでした。というのも、社会党の議席数はおおむね自民党の半数にとどまり、55年体制下では一度も社会党は政権を獲得できていません。そのため、実態としては、二大政党制ではなく、1と2分の1政党制にすぎませんでした。社会党が自民党の半分程度の勢力だからです。

しかも、自民党の党是は憲法改正なので、本来であれば衆参3分の2の議席確保を目指すべきですが、本音は政権を維持できるのであれば何でもよいので、衆議院で過半数を目指していく。一方の社会党は護憲だけが党是であり、表向きはともかく、政権につく気がありません……。

うーむ。政治の理想とは言い難い……。

自民党は衆議院の過半数を得ればよく、社会党は衆参どちらかの三分の一の議席をとればよいので、自民党と社会党との間で談合が成立します。表ではお互い国会で罵り合いますが、実のところそれはプロレスみたいなもので、実際は国会対策委員長同士が裏で話をつけるという国対政治が行われていました。

そういう中での選挙も大変だったんですよね。

中選挙区制（選挙の章で説明）のもとでは、ひとつの選挙区で複数人が当選します。なので、自民党議員が複数立候補する選挙区が多々あります。当然、自民党本部はそれぞれを平等に支援しますが、自民党議員同士が争いに勝つ必要があるので、派閥に入り、派閥の選挙支援を仰ぐ必要が出てきます。こうした背景があり、同じ党といえども、派閥は実質的に別の政党として機能しているので、55年体制下の自民党は、派閥という擬似政党の連立政権だったとも言えるわけです。

国会議員の出世とランク

なんか政治の生々しさが……。

もっとどきつくなるよ。でも本質だから、頑張って理解しよう。突然ですが、国会議員を格付けるものって何でしょう。親が有名な政治家？　高学歴？　いろいろあると思いますが、最も重要な要素は当選回数です。もし気になっている政治家がいたら、当選回数を見てみましょう。

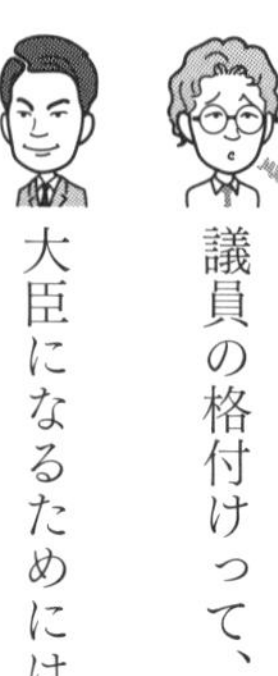

議員の格付けって、当選回数で決まるんですね。

大臣になるためには、当選回数が重要でした。例えば、衆議院で当選二ケタ台なら相当の大物です。一部例外はあるものの、特に自民党では国会議員の当選回数に応じてポストが割り当てられます。これを当選回数至上主義と言います。どんな大物政治家の二世議員でも、当選1回目で財務大臣など重職に抜擢されるといったことはほぼありません。

そうだった。さっき触れましたね。

ここでは、より具体的に国会議員の出世過程について、自民党を例に見ていきます。自民党議員は、「自民党の役職」「国会の役職」「内閣の役職」の3つを行ったり来たりしながら上がっていきます。これは例えばですが、3つの事業部を持つ会社の出世の仕方と似ています。

地道な実績が必要なんだ。

例えば、会社の社長になるためには、3つの事業部間を行ったり来たりしながら出世する必要がありますよね。さまざまな事業部を経験したほうが全体のことがわかり、社長として適任だからです。最初の配属先の事業部で係長になったら、別の事業部に配属されて、その後別の事業部で課長をやったと思ったら、最初の事業部の部長に……と、そして最終的に社長になるといった具合です。

でも、例外があるんでしょ。

もともと自民党でも抜擢人事は行われていました。しかし、佐藤栄作内閣の頃（１９６０年代）になって、当選回数による年功序列的人事が定着しました。議員同士は常に出世を競い合うライバル。当選回数という客観的な基準でポストを処遇していけば、大きな禍根を残すことはないという配慮です。ただし、当選回数だけでは、本当に大臣が務まる実力があるかはわかりません……。だから、たまに「なんでこの人が大臣？」という人物が登場します。答えは当選回数が多かっただけです。

当選回数が多いからって、当選回数と実力は違うと……。

結婚適齢期ならぬ大臣適齢期というのもあります。自民党の場合、「衆議院で当選５回以上、または参議院で当選３回以上」が一応の目安です。もちろん、これより少ない回数で抜擢されることもたまにあります。逆に、当選回数はとっくのとうに満たしているのに、まったく大臣になれない人を「入閣待機組」と言います。

でも、それって巡り合わせじゃないの。

衆議院で7、8回当選しても大臣経験がない人がいます。総理を除き大臣は最高で19人おけますが逆に大臣の椅子は19個しかないので、大臣適齢期になっても、大臣になれない人が出てくるのは当然です。

党内の人事

その党内の人事を決めるは……。

自民党のトップを「総裁」と言います。本来であれば、総裁が党の仕事の陣頭指揮を執るべきですが、日本は議院内閣制をとっており、ほとんどの期間、衆議院で自民党が多数派でした。自民党の総裁が総理大臣を兼任するため、実際の党の仕事は他の最高幹部に任せています。その最高幹部を党三役と言います。党三役とは、幹事長・政調会長・総務会長の３つです。この３つは、自民党議員にとっても、大臣と同等かそれ以上の、出世ポストです

そうなんですね。

幹事長は自民党のナンバー2で、三役の中でも格上で、最も影響力のあるポストです。なぜ、重要なポストなのか。それは、党のお金と人事を握っているからです。お金については、企業や団体からの献金、政党交付金など合わせて約３００億円もの金額を動かします。人事については約８００ものポストの人事権を握っています。省庁の副大臣、政務官、党の局長……などなど。また、選挙に絡むことは基本すべて幹事長に決定権があり、選挙の際の党の公認権も握っています。党務の最高責任者である幹事長は総理、総裁への登竜門です。

権力のある調整役ですね。

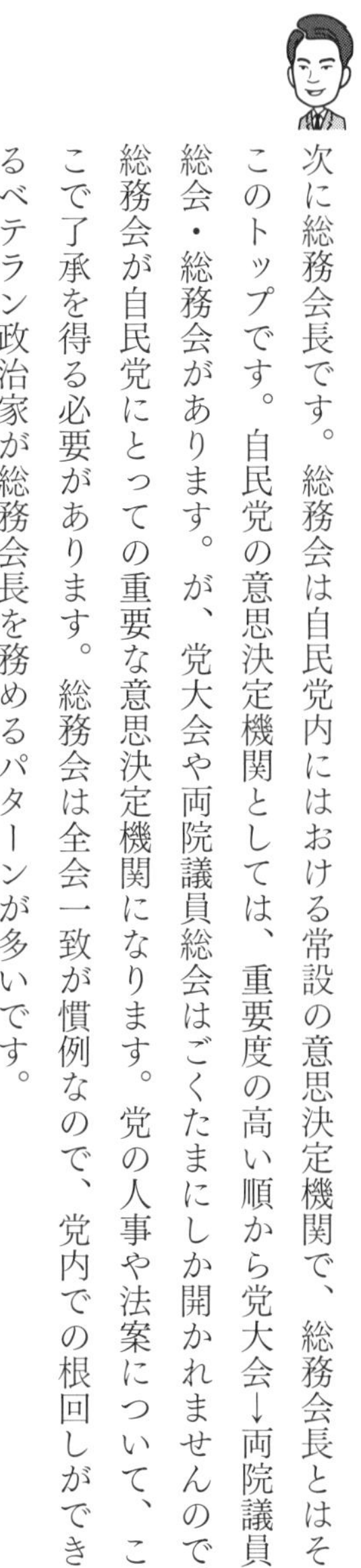

次に総務会長です。総務会は自民党内にはおける常設の意思決定機関で、総務会長とはそのトップです。自民党の意思決定機関としては、重要度の高い順から党大会→両院議員総会・総務会があります。が、党大会や両院議員総会はごくたまにしか開かれませんので、総務会が自民党にとっての重要な意思決定機関になります。党の人事や法案について、ここで了承を得る必要があります。総務会は全会一致が慣例なので、党内での根回しができるベテラン政治家が総務会長を務めるパターンが多いです。

それで政調会長はどんな役を。

政調会長とは、政務調査会のトップのことです。政務調査会とは、党の政策に関する調査研究や政策立案を行うための組織です。この下には、厚労部会、国防部会、文教部会など政策分野ごとに部会が設置されています。政調会長はこうした各部会で行われる議論のとりまとめ、党の政策を作る責任者です。

どこかで聞いたことがあるのですが「族議員」っていますよね。

そう、国会議員の中には、族議員と呼ばれる人がいます。族議員とは、特定の政策分野に強い影響力を持つ議員のことです。よく言えば、特定分野のエキスパートであり、悪く言えば、特定の業界とズブズブ関係の議員と言えるでしょう。「建設族」「郵政族」「厚生族」「防衛族」などと呼称されます。

ああ、思い出した。「郵政族」っていうのは聞いたことあります。

例えば、「厚生族」議員であれば、自民党の厚労部会や衆議院の厚生労働委員会に所属しているので、医療や健康保険など社会保障関係の専門知識を持ちます。結果、厚生労働省が関わる政治・行政に大きな影響を与えます。関係業界（日本医師会など）との関係も強く、その業界にとってはいざとなったときの助っ人役として重宝しています。

彼らもまとまって影響力を行使しているってこと。

例えば、政府が医療費の伸びを抑制するために診療報酬（医者が行う医療行為の値段）を下げようとすると、「医療の質の低下につながる!!」と真っ向から反対します。そして、日本医師会の意向を受けた厚生族の議員が政府に激しく抵抗し、既得権益を死守しようとします。結果的に診療報酬を下げる話し合いすら先送りされる……。

その医師会の意向を受けてというのはわかるんですけど、例えば国民全体のことまで考えての抵抗なんですかね。なんか「先送り」っていうと、イメージがよくない気がして。

特定団体の利権が侵される際に族議員が登場します。業界としても、そういう頼りになる議員がいると役に立つので、将来有望な議員に目を付け族議員として育成する場合もあります。

育成ですか……。いつごろから台頭したんですか。

族議員が台頭したのは1970年代です。族議員のパイオニアである建設族は、田中角栄元総理でした。

え？　元総理が族議員のパイオニア？　それは、関係業界からしてみたら本当に頼りになる……。

以前は、国が公共事業を発注する際、指名競争入札が一般的でした。これは、施工能力の高い業者に絞ったのちに入札する仕組みです。この仕組みの下では、指名業者に入れるかどうかが建設会社にとっては死活問題です。そこで、指名業者に選ばれるために多額の資金を建設族議員に献金し、建設省（現国土交通省）に口利きしてもらっていました。ここに大きな利権構造がありました。

多額の資金を族議員に献金し……って、その利権構造っていうのは、まさに「政治とカネ」という感じがします。政治の悪の象徴というか……。

一方で、すべての族議員が儲かる立場ではありません。教育関係の族議員である文教族は例えば、文部科学省が教科書を選定する際に、文教部会や文教委員会でなじみの会社の教科書が採用されるよう働きかけます。しかし、大手ゼネコンと比べると、政治資金の額は少ないです。実際、文教族であった元総理の森喜朗は「文教はあまりカネにならん」とぼやいていたそうです。

そのぼやきって……。でも、額が少ないと聞いて、ちょっと安心したというか、やっぱり政治にはいろいろあるんですね。

浜田龍太郎（はまだ・りゅうたろう）

プロ社会科講師。1988 年生まれ。神奈川県鎌倉市出身。

暗記に終始しがちな「社会科」を子どもから大人まで、誰にでも理解できるように話すカリスマ講師として絶大な支持を得る。生徒からのアンケート支持率 95％以上という驚異的な成績を誇る。

京都大学卒業後、一部上場企業を経たのち、大手塾で集団講師や個別指導講師として大学・高校・中学受験の指導経験を積み、塾オリジナル教材の編集にも多数携わる。開成・麻布・筑駒受験クラスから初学者・不登校の生徒まで、あらゆる層の生徒に教えるテクニックがあり、子どもだけでなく保護者からも大好評。御三家を代表とした難関中学への合格実績多数。幼稚園生から社会人まで累計 300 名以上の指導実績がある。

超わかりやすく政治について教えてください

2021年10月4日　初版発行

監　修　浜田龍太郎
発行者　野村直克
発行所　総合法令出版株式会社
〒103-0001 東京都中央区日本橋小伝馬町15-18
EDGE 小伝馬町ビル9階
電話　03-5623-5121
印刷・製本　中央精版印刷株式会社

ISBN 978-4-86280-811-0
総合法令出版ホームページ　http://www.horei.com/